Cool Camping

Wohnmobil

Cool Camping
Wohnmobil

Leben, fahren, wohnen, frei sein

Susanne Flachmann

HAFFMANS TOLKEMITT

Deutsche Erstausgabe

1. Auflage, April 2016

www.haffmans-tolkemitt.de

Lektorat: Katharina Theml, Büro Z, Wiesbaden.
Gestaltung & Satz: Susanne Flachmann, polygrafica, München.
Umschlaggestaltung: Studio Ingeborg Schindler, Berlin + Frankfurt.
Herstellung: Urs Jakob, Werkstatt im Grünen Winkel, CH-8400 Winterthur.
Druck & Bindung: Ebner & Spiegel, Ulm.
Printed in Germany.

ISBN 978-3-942989-93-0

Inhaltsverzeichnis

Wissen

Bedienungsanleitungen

Informieren

Adressen

T1400

Über mich

Mein Beruf als selbstständige Grafikdesignerin und meine Familie ermöglichen mir dankenswerterweise, zeitweise aus dem Alltag aus- und in meinen Campingbus einzusteigen, so dass ich in den letzten Jahren jeweils für mehrere Wochen ganz allein unterwegs sein durfte und mir dabei die europäischen Landstraßen ansehen konnte.

Das Glück, das ich auf meinen Reisen ganz allein durch die Weltgeschichte mit meinem Auto, dem »Franz«, erlebe, teile ich sehr gern mit den Daheimgebliebenen auf meinem Reise-Blog. Und weil ich mein Glück gern nicht nur teilen, sondern auch weitergeben würde, habe ich für alle, die sich bisher nicht getraut haben, sich mit einem Wohnmobil auf den Weg zu machen, dieses Buch geschrieben.

Susanne Flachmann

Reise-Blog: www.der-franz-und-ich.de
Wohnmobil-Blog: www.cool-camping-wohnmobil.de

Vorwort

Zusammengerechnet habe ich bisher fast ein ganzes Jahr in einem Wohnmobil gelebt und jeden Moment genossen: sowohl mit der ganzen vierköpfigen Familie in großen, gemieteten Mobilen als auch ganz allein mit »Franz«, meinem geliebten Campingbus. Und nach all den Wochen auf der Straße, auf Campingplätzen, Fähren und in der freien Natur weiß ich mit Sicherheit, dass (für mich) die ultimative Form des Reisens die Fahrt mit einem Wohnmobil ist:

» Ich habe stets alles dabei, was ich zu allen Gelegenheiten brauche.
» Ich bin der Natur so verbunden und nahe – ich bin ihr aber nicht ausgeliefert.
» Ich bin absolut mobil und damit maximal unabhängig.
» Ich fühle mich so sehr geborgen – und trotzdem einfach nur frei …

Reisen mit dem Wohnmobil – entweder man lässt sich auf das Abenteuer ein, ohne groß darüber nachzudenken, holt sich das nächstbeste Auto und fährt irgendwohin –, oder man zaudert, weil man sich einfach nicht vorstellen kann, wie das funktionieren soll:

» Welches Mobil brauche ich, und welche Größe passt zu mir?
» Wie komme ich an ein Auto?
» Wo fahre ich hin? Gibt es auch Anfängerrouten?
» Was soll ich tun, wenn ich auf dem Campingplatz bin?
» Was muss ich beim Fahren, auf der Fähre, auf dem Bergpass beachten?
» Ich habe Befürchtungen, frei zu stehen. Gibt es dafür spezielle Tipps?

Das sind Fragen, die mir meine Schwester gestellt hat, als sie sich endlich, nach langem Anhören meiner Reiseschwärmereien, auf den Weg machen wollte. Und für sie – und alle anderen Wohnmobil-Zauderer – habe ich dieses Handbuch mit all meiner Begeisterung geschrieben, um den Einstieg in diese Form des Reisens zu erleichtern. Pack deine Familie, deine Partnerin oder deinen Partner, Schwester, Freund, Kollegin, Kumpel … – oder einfach nur dich selbst ein und dann:

Trau dich!
Fahr los!
Fühl dich frei!

Es ist nicht schwer und keinesfalls so kompliziert, wie es anfangs scheint. Die meisten Probleme lösen sich durch kurzes Innehalten, etwas Übung und kreative Ideen – oder durch die unglaubliche Hilfsbereitschaft der Mitmenschen, die du anlächelst und um Rat fragst.
Du wirst sehen: Egal in welcher Konstellation du dein Wohnmobil startest (aber natürlich vor allem, wenn du alleine fährst), du kommst als neuer, selbstbewusster und glücklicherer Mensch zurück mit einem Riesenpaket an Eindrücken und wunderbaren Selbsterkenntnissen über dich.

Und los geht's …

> »Wenn du etwas loslasst,
> bist du ein wenig glucklicher
> Wenn du viel loslasst,
> bist du viel glucklicher
> Wenn du alles loslasst,
> bist du frei «
>
> Ajahn Cha

Nachdenken

Hast du dir schon immer mal wieder gewünscht, dich wirklich »auf Reisen« zu begeben? Nicht irgendwo schnell hingefahren oder -geflogen zu werden, sondern aus der Haustür zu treten und ab diesem Moment die Welt zu entdecken? Dann denkst du schon über eine Reise im Wohnmobil nach ...

Urlaub im Wohnmobil – das gefällt mir

Das mobile Leben im Camper funktioniert in allen möglichen Konstellationen. Ich genieße sowohl das Familienreisen als auch das Glück, mich ganz allein in meinem Bus durch die Welt zu bewegen. In all diesen Varianten erlebe ich einen Riesenspaß, Verzauberung durch tolle Landschaften, Ruhe, Gelassenheit und den »Flow des Fahrens« – aber natürlich auch nervende Momente, in denen ich eigentlich lieber zu Hause sein würde.
Wohnen auf kleinem Raum, das Leben auf Campingplätzen, häufig wechselnde »Wohnorte« und lange Fahrten auf teilweise stark rumpelnden Pisten: Was für den einen Riesenspaß bedeutet, ist für den anderen purer Stress. Du kannst vorher abwägen, aber entscheiden kannst du natürlich nur, wenn du es ausprobierst:

* Fahrgenuss

Nur **wenn du wirklich gern unterwegs bist**, jede vor dir liegende Strecke neugierig erwartest, nicht über ewige Wege stöhnst und das Sehen und Erleben auf der Straße genießt, wirst du ein überzeugter Wohnmobilist werden.
Es müssen nicht jeden Tag unendlich viele Kilometer sein, die du fährst, vielleicht stehst du auch gern tagelang auf einem Platz – aber mit dem Womo zu reisen bedeutet auch, dass du zu deiner Urlaubsregion deutlich länger unterwegs bist als mit zielgenauer Anreise per Flugzeug. Dafür hast du während der Anreise schon dein Vergnügen und damit von der ersten Minute an Urlaub.

* Spontaneität und Planbarkeit

Die grobe Richtung, einige Sightseeing-Punkte oder der anvisierte Fährhafen bestimmen die Route – **die genaue Strecke kann ganz spontan entschieden werden**. Je nach Fahrerlaune, nach Mitfahrermehrheit oder nach den Erzählungen des Nachbar-Campers wird der Weg zum Ziel und die Spontaneität zum Urlaubsinhalt.
Wenn du allerdings eher der Planungstyp bist, dann macht es dir (und deinen Mitreisenden) mehr Spaß, die Strecke vor dem Urlaub oder Abend für Abend zu überdenken, dich dann vom Navigationsgerät (oder vom Beifahrer) leiten zu lassen. So kannst du dich noch mehr auf das Fahren konzentrieren und hast den Kopf frei für die Eindrücke auf der Strecke.

* Freiheit

Du hast **die absolute Freiheit, ganz ohne oder nur mit einem kleinen Plan deine Urlaubstage zu verbringen**. Damit kannst du allerdings nie sicher sein, ob du den idealen Traumplatz findest, was du am nächsten Tag erlebst oder wie lange du im Auto sitzen musst, um deine Ruhe zu finden.
Du bist frei, alles laufen zu lassen – doch du solltest diese Freiheit bewusst dem ruhigeren Leben in ritualisierten Abläufen wie zum Beispiel in Hotels vorziehen, um mit dieser Form des Reisens glücklich zu werden.
Freiheit sieht für dich anders aus? Auch ein perfekt ausgeklügelter Routenplan kann unterwegs gut realisiert werden und für einen sehr entspannten Urlaub sorgen.

* Unabhängigkeit

Ganz klar ist die völlige Unabhängigkeit der entscheidende Unterschied zum klassischen »Urlaubmachen«, denn Urlaub mit dem Camper heißt, **nur dort zu bleiben, wo man wirklich sein möchte**. Entscheidungen triffst du eher spontan und nicht vorab aufgrund von Werbefotos, wobei du aushalten musst, dass die Suche nach deinem Traumplatz manchmal länger dauert, als du gehofft hast ...

* Kreativität

Kein Tag ist wie der andere, immer kommt alles anders, als du gedacht hast, oder es stellen sich ständig Alltagsfragen: Wie komme ich an Frischwasser, wo kann ich das Abwasser und die Toilette umweltgerecht entsorgen, wie komme ich trotz fehlender Beschilderung an mein Ziel, wo hänge ich die Wäscheleine auf, wer kann mein Auto reparieren, wie komme ich an Strom für mein Handy, welche Route ist die beste, kann diese Straße befahren werden, wie drehe ich auf der steilen Strecke um?
Kleinigkeiten, die im vorab gebuchten Urlaub keinen Gedanken wert sind, beschäftigen dich jeden Tag, und **du solltest dich an der Suche nach kreativen Lösungen erfreuen, um diesen Zustand zu genießen**.

* Kulturnähe

Alle interessanten Sehenswürdigkeiten kannst du direkt anfahren. Mit einem kleineren Mobil parkst du ganz in der Nähe, mit einem größeren nahe einer öffentlichen Bushaltestelle – **und wenn alle Tagestouristen gegangen sind, kannst du mit den Einheimischen die Ruhe des Ortes genießen**.

* Naturnahe

Kaum eine Unterkunft ist so naturnah wie dein Womo, denn du bist auf Camping- oder freiem Stellplatz **quasi immer draußen, ganz nah an Wind, Wetter, Natur**. Du lebst in und mit der Natur – und die Natur begleitet dich auf deinem Weg: Insekten, streunende Tiere, Sand und Dreck, sturmgerüttelte Nächte ...

* Gemütlichkeit

Du bist unterwegs und doch in deinem Zuhause, das du selbst gestaltet hast. Auch in einem gemieteten Mobil wirst du dich binnen Kürze **wie in einem Nest fühlen, das dir Geborgenheit und Gemütlichkeit schenkt** und das du nicht mehr missen möchtest – wenn du der Typ dafür bist, dich auf engem Raum wohl zu fühlen und mit anderen Menschen für eine begrenzte Zeit sehr eng zusammenzuleben.

* Sparsamkeit

Ein eigenes Wohnmobil ist mit allen laufenden Kosten kein wirklich billiges Vergnügen, und die Mietpreise sind knackig. Aber entgegen der »stationären« Unterbringung mit Anreise-, Restaurant-, Zimmer- und zusätzlichen Freizeitkosten (vor allem mit Kindern) sind die Ausgaben für Benzin und Straßengebühren, Campingplatz und lokale Einkäufe deutlich geringer.

* Ruhe & Lärm

Beide Varianten sind möglich, beides gibt es im Übermaß – der Vorteil aber ist, dass **du jederzeit den Platz wechseln kannst, wenn es dein Wohlgefühl erfordert**. Du musst nicht den ganzen Urlaub schnarchende Zimmernachbarn oder Discomusik aushalten, und du kannst auch vor zu großer Stille fliehen ... ganz nach deinem Gefühl.

* Zeit & Hektik

In vielen Ländern gibt es einen anderen, gedehnteren Begriff von Zeit. Überlass dich ganz entspannt den terminlichen Unwägbarkeiten und der dir vielleicht widerstrebenden bzw. ungewohnten Langsamkeit, denn du hast den großartigen Vorteil von nicht vorgeschriebenen Essenszeiten, keine streng einzuhaltenden Freizeitprogramm- oder Poolöffnungszeiten und in der Regel überhaupt keine festen Termine ...

* Immer alles dabei

Bei keiner anderen Urlaubsform kannst du so viel Sportgerät, Freizeitzubehör, Lesestoff und sonstiges Equipment mitnehmen. Keine Schlepperei vom Hotel zum Strand, kein Kofferein- und auspacken .... vom Lieblingsessen über die eigene Dusche bis zur Minireisebibliothek: **Du hast alles überall dabei.**

* Hygiene & Styling

Du hast dein eigenes Bad dabei, wirst aber (um Wassertanks und Toilettenmenge zu schonen) möglichst oft in öffentlichen Sanitärräumen zugange sein. Mit Duschlatschen, sauberem Handtuch und einer entspannten Einstellung ist das kein Problem – wenn du auch mal über Defizite hinwegsehen kannst.
Mit einem großen Camper hast du sogar eine Duschmöglichkeit an Bord. Bedenke aber, dass deine Wasserkapazität begrenzt ist. Auch mit einer (selbstwärmenden) Solar-Outdoor-Dusche kannst du dir nur behelfen, wenn du am Platz Wasser holen kannst. Da es aber an Freistehplätzen in der Regel keinen Süßwasseranschluss gibt, bedeutet das, dass du möglicherweise auch mal einige Tage ungeduscht bleibst, dass du tagelang ungestylt sein und die immer gleichen Klamotten anziehen kannst – ein Traum für die, die das mögen, ein Albtraum für alle anderen, die dann lieber auf einem Campingplatz stehen sollten, auf dem es alle Annehmlichkeiten (von gepflegten Sanitäranlagen über Waschmaschinen bis zu Wäscheleinen) gibt. **Im Zweifel aber: Einfach mal ausprobieren!**

Griechenland / Ioannina

Im Wohnmobil mit der ganzen Familie

Wenig sonst bringt die Familie einander so nahe wie ein Womo-Urlaub: erfolgreich durchgestandene Nervattacken, gemeinsam gemeisterte Abenteuer, miteinander erlebte Glücksmomente. Es gibt kaum bessere Gelegenheiten, eine intensive Familienzeit zu erleben, als zusammen auf engem Raum zu reisen und trotzdem mit größtmöglicher Individualität zu leben.
Es ist natürlich mitunter kein leichtes Unterfangen, allen und jedem jederzeit gerecht zu werden - aber nach jedem erfolgreichen Kompromiss wird das Familiensystem grundlegend gestärkt sein.

* Rollenverteilung

Im Idealfall werden alle nach klassischem Muster verteilten Rollen in der Camper-Realität durchgemischt: Mütter, die die längsten Strecken fahren, Töchter, die das Feuer anschüren, Väter, die für die Wäsche zuständig sind, Söhne, die den Esstisch dekorieren ... **Spielerisch können unterwegs ganz neue Seiten entdeckt und der Alltagstrott abgestreift werden.**

* Kinder

Klar, wenn man Kinder nach ihrem Urlaubsspaß befragt, nennen sie das, was sie kennen oder im Prospekt entdeckt haben: Bummelbähnchen, Kinderdisco, Freizeitparks, gigantische Poolanlagen. Wenn man sie aber nach einem Camper-Urlaub fragt, werden sie **das allabendliche Lagerfeuer, das ungestörte Toben in den Wellen, die grenzenlose Freiheit des Herumstreifens in der Natur und - am wichtigsten - die permanente Nähe der Familie nennen**.

* Jugendliche

Natürlich kann man größere Kinder nicht mehr ganz so gut mit WLAN-freien Stellplätzen an menschenleeren Stränden, ohne Pool, Pommes und Kicker begeistern - aber vielleicht mit den vielen Eindrücken, die ihre Freunde als »cool« bezeichnen würden, mit der **Verantwortung**, die sie beim Grillfeueranzünden und den Parkanweisungen tragen, und der **Mitsprache** bei Stellplatz- und Reiseroutenwahl? Kombiniert man das mit einigen Kontakten zur »Zivilisation« auf komfortablen Campingplätzen, werden sicher auch Jugendliche von einem erfüllten Urlaub sprechen.

Als Paar unterwegs sein

Freundes-, Geschwister-, Beziehungspaare: In allen Varianten lassen sich auf Wohnmobil-Reisen Gemeinsamkeiten, Schwierigkeiten, Unterschiede und Kompromissfähigkeiten auf den Prüfstand stellen - und dann als ungeahnte Nähe und Harmonie genießen.
Du wirst sehen, wie weit du dich selbst zu Zugeständnissen bereit erklären kannst oder wie gut deine Fähigkeit ist, Kompromisse einzufordern. Es ist eine spannende Erfahrung für beide, kreative Lösungen zu finden, dabei auf einen Nenner zu kommen und trotzdem die gute Laune nicht zu verlieren.
Aber nach einiger Zeit auf solch begrenztem Raum und nach der mehr oder weniger erfolgreichen Meisterung aller Schwierigkeiten, die sich durch diese Nähe ergeben, wirst du deutlich erkennen, ob du bereit bist, mit diesem Menschen auch eine nächste und übernächste Tour zu machen ...
Eine gemeinsame Reise im Camper kann eine harte Prüfung sein – und gleichzeitig auch großes Glück zu zweit bedeuten.

Allein auf Tour

Den Reaktionen auf mein wochenlanges Alleinsein nach zu urteilen, ist dies für die wenigsten Menschen vorstellbar. Angst vor Gefahren oder Pannen, mangelndes Selbstbewusstsein im Straßenverkehr oder im Umgang mit dem Auto, Unsicherheiten in der Fremde oder auch nur Furcht vor Einsamkeit - alles natürlich nachvollziehbare Gründe, aber ich kann jedem von ganzem Herzen empfehlen, sich mit sich selbst auf Reisen zu begeben.

* **Es gibt keine Langeweile, denn du hast dich dabei!** Schreibe, zeichne, fotografiere, was du siehst und erlebst, was du denkst und spürst. Du wirst sehen, dein Tag ist allein so viel intensiver, weil du viel mehr Zeit für dein eigenes Leben hast.

* Allein im Café zu sitzen und die Menschen um dich herum zu betrachten hinterlässt einen tieferen Eindruck, als dich mit deinem Reisegefährten über die letzte Etappe zu unterhalten. Allein an der Felsküste zu stehen und schweigend die Aussicht zu genießen, die Luft zu spüren und zu schmecken wird dir deutlicher in Erinnerung bleiben, als mit plappernden Kindern dort zu sitzen. Und dich auf einer Straße in Sekundenschnelle für eine Abzweigung zu entscheiden - ganz einfach so, aus dem Bauch, dem Moment heraus - hat etwas ungleich Erhebenderes, als mit dem Partner über die perfekte Route diskutieren zu müssen.
  Auch wenn es etwas pathetisch klingt: **Allein unterwegs zu sein bedeutet, in jedem Moment im Hier und Jetzt zu sein!**

* Du kannst alles, was du möchtest. **Es wird dich erstaunen, welche Fähigkeiten du entwickelst, wenn du erst einmal auf dich angewiesen bist und gelernt hast, dir zu vertrauen.**
  Klappt tatsächlich einmal etwas nicht (oder du brauchst einfach mehr Hände), dann hast du unzählige Menschen um dich herum, die sich freuen, dir zu helfen. Bist du unsicher in Bezug auf die Route: Sprich die sympathischen Platznachbarn an, es reden alle gern über ihre Erfahrungen. Dein Auto ist kaputt oder klingt irgendwie komisch: Du findest überall kompetente Werkstätten oder Menschen, die dir mit Rat und Tat (und Werkzeug) zur Seite stehen. Vertrau dir und deinen Mitmenschen.

✳ **Gerade für Alleinreisende ist das Wohnmobil perfekt:**

- Du bist **unabhängig** von Fahrplänen, Taxifahrern, Mitfahrgelegenheiten.
- Du bist **absolut mobil** (und damit sicher), weil du jederzeit fortkommst, wenn dir die Situation nicht mehr gefällt.
- Du bist **völlig autark**, weil du weder eine Unterkunft noch Essensangebote suchen musst.
- Und gleichzeitig bist du **stets in deinem geschützten Raum**, der dir Geborgenheit und Schutz gibt, wenn du durch etwas unheimlichere Gegenden fährst, an der Ampel neben zwielichtigen Gestalten stehst oder wenn du abseits offizieller Plätze übernachtest.

Und vielleicht das Schönste: Es gibt nichts und niemanden, der dich von dir ablenkt. **Du bist völlig frei, genau das zu tun, was du gerade in diesem Moment tun möchtest.** Wann hast du das letzte Mal gespürt, dass du etwas wirklich willst – und hast es dann auch unmittelbar getan?

» Lese-Tipp

Weil das Alleinreisen offenbar so etwas Besonderes ist, führe ich einen Reiseblog: **www.der-franz-und-ich.de** – hier kannst du einige meiner Eindrücke nachlesen. Und vor allem kannst du verfolgen, mit wie wenig Problemen ich mich in all den Wochen beschäftigen musste und wie viele Glücksgefühle ich dafür erleben durfte.

> »Das gute Leben ist ein Prozess,
> nicht ein Zustand von Sein.
> Es ist eine Richtung,
> nicht ein Bestimmungsort.«
>
> Carl Rogers

Entscheiden

Die Idee, mit dem Wohnmobil auf Reisen zu gehen, erscheint dir perfekt: Dann muss jetzt nur noch geklärt werden, welches Mobil dich dabei begleiten soll, um alle deine Wünsche, Bedürfnisse und Anforderungen zu erfüllen, die du an einen perfekten Trip stellst.

Welches Wohnmobil passt zu mir?

Bevor du dich für ein Mobil entscheidest, solltest du überlegen, was du auf Reisen wirklich brauchst. Es ist weniger eine Entscheidung des Geldes als eine der grundsätzlichen Einstellung zu deinem Urlaub: Möchtest du möglichst komfortabel unterwegs sein und auf wenige Annehmlichkeiten des »normalen« Lebens verzichten – oder möchtest du eher bewusst spartanisch reisen und dich so ganz klar vom Alltag abgrenzen?
Du wirst in deinem Gefährt über Tage bzw. Wochen, vielleicht sogar Monate unterwegs sein – überprüfe also genau, welcher Fahrzeugtyp du bist:

Deine grundsätzlichen Ansprüche an ein neues Zuhause

kochen

- Du liebst das Kochen und brauchst eine perfekte Küche mit möglichst vielen Utensilien? » Typ A
- Reichen dir ein, zwei kleine Kochplatten und wenig Stauraum, weil du lieber essen gehst oder grillst? » Typ B

essen

- Sitzt du gern an einem festen Tisch, gern auch mal drinnen im (wetter-)geschützten Raum? » Typ A
- Liebst du das Essen im Freien, und dabei dürfen Tisch und Stühle wackeln und Insekten schwirren? » Typ B

pflegen

- Ein eigenes Bad mit Dusche und WC gehören für dich zur unbedingten Lebensqualität? » Typ A
- Für dich ist es in Ordnung, dich in deiner Küchenspüle zu waschen, unperfekte Waschräume zu nutzen und nur ein kleines »Porta Potti« an Bord zu haben? » Typ B

schlafen

- Du kannst dich nur in einem richtig schönen Bett mit guter Matratze erholen, und ein allabendlicher Umbau ist dir ein Graus? » Typ A

- Du hast kein Problem damit, dein Bett vor dem Schlafengehen »zusammenzubauen«, und dass die Matratze aus mehreren Teilen mit Ritzen besteht? » Typ B

wohnen

- Dir ist es wichtig, dass du Raum um dich hast? Weil du zu zweit oder mit Familie fährst, willst du dir nicht andauernd auf den Füßen stehen und diskutieren, ob jetzt im Bett gelegen oder am Tisch gesessen wird? » Typ A

- Du willst jede Minute draußen verbringen – drinnen ist für dich nur zum Schlafen? Du fährst sowieso alleine? » Typ B

mitnehmen

- Du möchtest unbedingt für alle Eventualitäten ausgestattet sein, hast eine Menge Sportutensilien dabei und magst dich nicht entscheiden, was du daheim lässt? » Typ A

- Dir reichen wenige Klamotten, und das Schnorchelzeug passt immer noch irgendwo dazwischen? » Typ B

fahren

- Du willst nur große, gut zu erreichende Campingplätze besuchen? Kleine oder schlechte Straßen sind dir ein Graus? » Typ A

- Am herrlichsten findest du einspurige Küstenstraßen? Und du wirst möglichst abgelegene Campingplätze oder Freistehplätze abseits der Straßen ansteuern? » Typ B

Wenn du dir mit der Beantwortung dieser Fragen jetzt im Klaren darüber bist, was du auf Reisen brauchst, auf was du nicht verzichten willst, und wenn du weißt, wie viele Schlafplätze du benötigst, dann sollte es nicht mehr allzu schwer sein, sich zwischen großem und mittlerem bzw. kleinem Womo zu entscheiden:

» Wohnmobil-Typ A = Großes Wohnmobil

In der Regel sind diese Gefährte etwa sieben Meter lang und 2,80 bis 3,50 Meter hoch. Auf das Chassis gängiger Kleintransporter (Fiat Ducato, Mercedes-Benz Sprinter ...) werden von verschiedenen Herstellern (Dethleffs, Bürstner, Hymer ...) voll ausgebaute, komfortable Wohnräume aufgesetzt: drei und mehr Betten mit Normalmaß und guter Matratze, ein fest installierter Tisch mit vier Sitzplätzen, eine »richtige« Küche und viel Stauraum, meist sogar mit extra »Garage« außerhalb der Wohnkabine und ein separates Bad-Toiletten-Abteil (meist mit Dusche).
Die großen Wohnmobile haben meist bis 3,5 Tonnen zulässiges Gesamtgewicht. Alle Fahrzeuge darüber sollten entweder mit sehr viel Erfahrung (Profi) gefahren werden oder benötigen einen anderen Führerschein. (Nur ältere Pkw-Führerscheine - vor 1999 - erlauben bis zu 7,5 Tonnen zulässiges Gesamtgewicht.)

Alkovenmobil

Gilt quasi als der »Archetyp« und ist in vielen Ländern das Piktogramm des Wohnmobils. Mit der über dem Fahrerhaus weit vorgewölbten, markanten Nase trägt er auch den Spitznamen »Nasenbär«. In dieser Koje (Alkoven) befindet sich ein festes, breites Doppelbett, das über eine Leiter zu erreichen ist. Die meisten Alkovenmobile haben ein bis zwei weitere feste Betten im Heck. Durch die wuchtige, hohe Form benötigen sie etwas mehr Sprit als andere Mobile, punkten aber mit dem großzügigen Platzangebot, luftiger Innenhöhe, sehr viel Stauraum und guter Klimatisierungsmöglichkeit, da das ungedämmte Fahrerhaus vom Wohnbereich abgeteilt werden kann.
» ideal für Familien

Teil-/Vollintegriertes Reisemobil

Integriert wird bei beiden Versionen **die Fahrerkabine in den Wohnraum**. Durch Drehen des Fahrer-/Beifahrersitzes werden diese mit einem dahinter angeordneten Tisch und der Sitzbank zur Sitzgruppe.
Diese Mobile gibt es in verschiedenen Bettvarianten: mit Hubbett, das tagsüber an der Decke hängt und zum Schlafen abgesenkt wird (was damit die Sitzgruppe darunter blockiert), mit festem Bett im Heck, einem kleinen Alkoven oder mit Bettkombinationen.

Teilintegriert bedeutet, dass das Fahrerhaus des Grundfahrzeugs unverändert bleibt und nur eine kastenartige Wohnkabine aufgebaut wird, während der Vollintegrierte eine komplett neu konstruierte Außenhaut auf dem sogenannten »Windlauf« bekommt. Als »Windlauf« bezeichnet man ein Fahrzeug ohne Karrosserie, nur mit Teilen des Führerhauses, also meist Frontmaske, Motorhaube, Kotflügel und Armaturenbrett.

Vollintegrierte Reisemobile haben eine meist extravagante Ausstattung und eine herausragende Isolierung, die sich in allen Jahreszeiten positiv bemerkbar macht. Alle Modelle sind relativ aerodynamisch und damit spritsparend, sie sind meist recht kompakt und gut zu fahren, aber insgesamt bei Anschaffung und Reparatur (durch die geringe Stückzahl des recht individuellen Gesamtaufbaus) kostenintensiv.

» ideal für Familien
(die einen Umbau zum Schlafen akzeptabel finden)
» ideal für Paare
(die nur für Gäste mehr als zwei Betten benötigen)

Vor- und Nachteile großer Mobile

+ Der größte Vorteil: **Alle Schlafplätze sind stets aufgebaut**, d.h., kleine Mittagsschläfchen sind zwischendrin immer möglich (zum Beispiel im Stau vor der Grenze, bei einer Rast am Straßenrand oder während einer Fährfahrt).

+ Ein großes Womo ist innen natürlich sehr komfortabel, man hat immer Stehhöhe und kann sich gut darin bewegen. So ist es möglich, sich an Regentagen **mal aus dem Weg zu gehen**.

+ Im Prinzip kannst du wirklich alles mitnehmen – allerdings musst du unbedingt darauf achten, dass dein zulässiges Gesamtgewicht (= das Leergewicht laut Fahrzeugschein plus Zuladung) nicht überschritten wird! Sonst wird es erstens unsicher (Bremsweg) und zweitens teuer (Polizei kontrolliert).

+ Toll: Die Kinder sitzen während der Fahrt (natürlich angeschnallt) am Tisch, d.h., sie können allein, miteinander oder mit dem Beifahrer malen, spielen, lesen, essen. So wird die Fahrt nicht als verlorene, langweilige Zeit empfunden, was den Eltern entspanntes Fahren und allen viele Kilometer mehr beschert.

– Allerdings: **Die ungewohnte Größe ist nicht leicht zu handhaben**, und wenn du unsicher und verkrampft mehrere hundert Kilometer fahren musst, hast du wirklich keinen Spaß!
Am ungewohntesten ist die Höhe: Du musst dich daran gewöhnen, immer die ca. 3,50 Meter deines Gefährts im Blick zu haben! Die Höhenbegrenzungen beschildern oft erst das Hindernis selbst (Brücke, Durchfahrt), oder du findest gar keine Warnung (herausragende Balkone, tief hängende Äste). Das bedeutet, dass du dein Gefährt immer dreidimensional abschätzen musst, was wirklich anstrengend ist. Auch die Breite/Länge ist für dich als Norm-Pkw-Fahrer neu. Enge Gassen, abschüssige Steilpisten, Rückwärtsfahren ohne Rückfenster …
Ganz schön hart am Anfang! **Diese Masse an Auto bedeutet für manchen Fahrer sicher mehr Stress, als der Komfort wettmacht.**

– Natürlich sind die Kauf-/Miet-/Unterhalts-/Fahrtkosten nicht zu unterschätzen!

» Perfekte Komfortklasse für Anspruchsvolle. Wenn du allerdings zu große Befürchtungen bezüglich des Handlings hast, dann leih dir zur Sicherheit und für deinen Urlaubsspaß erst mal einen kleineren Wagen und probier aus, ob dieser mit größerem Fahrspaß den fehlenden Komfort kompensieren kann!

» Wohnmobil-Typ B = Mittleres und kleines Wohnmobil

Mittlere Wohnmobile

Unter Mobilen mittlerer Größe sind mit Campingausstattung ausgebaute **Kleinbusse und Kastenwagen** zu verstehen, die meist auf dem Chassis eines Transporters aufgebaut werden, also beispielsweise auf Basis von Mercedes Vito, Ford Transit, Fiat Ducato, Ford Nugget Peugeot Boxer oder Citroën Jumper. Sie haben eine **Länge von etwa fünf bis sechs Meter und etwa zwei bis 2,50 Meter Höhe**.

Normalerweise sind diese Fahrzeuge mit **zwei festen Schlafplätzen (bzw. ein Doppelbett) plus einer Sitzgruppe** ausgestattet, die bei Bedarf zu einem Doppelbett umgebaut werden kann, so dass nach dem Umbau bis zu vier Personen Platz zum Schlafen finden. Stehhöhe wird über ein Hoch- oder Aufstelldach erreicht, es gibt eine recht übersichtliche Küche und in manchen Modellen sogar eine kleine WC-Bad-Kabine.

» ideal für Paare

» gut für Familien (trotz allabendlichem Umbau)

Kleine Wohnmobile

Als die kleinsten Wohnmobile bezeichnet man beispielsweise den klassischen Bus (ohne Hoch- oder Aufstelldach) oder die Kombination Grundfahrzeug/Aufsatzkabine. Alle haben eine **kompakte Länge von maximal fünf Meter und sind höchstens zwei Meter hoch**.

Den kleinen Bus gibt es natürlich nicht nur von VW in unzähligen Ausstattungsvarianten, sondern auch beispielsweise als Mercedes-Benz Vito oder Fiat Ducato.

Auf einem Pick-up (Pritschen- oder Geländewagen mit offener Ladefläche) wird die Wohnkabine aufgesetzt und kann dann einfach auf dem Stellplatz abgeladen werden, um das Fahrzeug für Fahrten in die Umgebung zu nutzen. Es gibt sie spartanisch klein, aber auch in luxuriöser Ausstattung für Familien.

» ideal für Einzelreisende
» gut für Paare (die Nähe vertragen können)
» machbar für Familien (mit geringstem Komfortanspruch)

enturer
Adventurer

Vor- und Nachteile mittlerer Mobile

+ Du hast im Innenraum Stehhöhe, d. h., du kommst entspannt an alle Schränke und kannst dich relativ gut im Raum bewegen.

+ Es gibt keine allzu großen Kompromisszwänge, weil die Reisenden gleichzeitig liegen und am Tisch sitzen können.

+ Parken ist mit dieser Größe fast überall möglich, nur manche zentrumsnahen Parkmöglichkeiten fallen wegen der Länge und Höhe (Beschränkungslatten an den offiziellen Touristen-Parkplätzen) aus.

+ Eigentlich kommt man mit dieser Größe sehr gut durch fast alle Gassen, da sie den üblichen Transportern der Einheimischen entspricht.

+ Diese Fahrzeuge sind auch im Alltag sehr gut nutzbar, könnten also als Ersatz für deinen bisherigen Pkw dienen.

+ Während der Fahrpausen kann man als Paar oder Alleinreisender feine Mittagsschläfchen machen, und als Familie kann man dann zumindest unkompliziert am Tisch essen.

– Wichtig ist, sich daran zu gewöhnen, dass es mit der Größe knapp zugeht. Während die Transporterfahrer ihre Dimensionen im Griff haben und lässig daherkommen, musst du lernen, die Nerven zu behalten.

– So richtig komfortabel ist es nur für zwei. Kinder kann man zwar sehr gut mitnehmen, denn sie können während der Fahrt spielend am Tisch sitzen, aber dann ist der Stauraum entsprechend geringer. Außerdem hat man vor dem Schlafengehen die Umbauaktion, um die zusätzlichen Betten herzurichten.

– Das Wohnklima ist (bedingt durch die Blechkarosserie und die Einbeziehung des Fahrerhauses in den Wohnraum) eher schlecht, d. h. viel Hitze, große Kälte.

» Perfekte Fahrzeuggroße fur Paare mit relativ hohem Komfortwunsch, aber auch fur Familien, denen Komfort zwar wichtig, das entspannte Fahrgefuhl (und die Kosten fur Fahren und Maut) aber wichtiger sind

Vor- und Nachteile der kleinen Mobile

+ Dein Fahrzeug ist so klein, dass du auch an den meisten Touristenhotspots ganz nah am Ort des Geschehens einen Parkplatz finden kannst.

+ Selbst die verwinkeltsten Gässchen werden auch von einheimischen Kleintransportern befahren. So kannst du dir sicher sein, dass auch du locker durchkommst – ganz ohne Gedanken über deine Höhe und alle anderen Abmessungen!

+ Durch das kompakte Maß des kleinen Busses bzw. des Pick-ups kannst du ganz entspannt auch die kleinsten Wege abseits der Hauptstraßen fahren und so wirklich überall hin gelangen.

+ Alle Maut-, Straßen- und Fährgebühren sind eklatant günstiger als bei einem großen Wohnmobil.

+ Mit der abgebauten Wohnkabine wird aus dem Pick-up-Reisemobil blitzschnell wieder ein ganz normaler Pkw, der im Alltag seinen Dienst tut.

– Du hast kaum Wohnkomfort, denn du hast wirklich wenig Stauraum, eine nur (wenn überhaupt) winzige Küche und kannst im Innenraum schlecht aufrecht stehen.

– Der größte Nachteil (wenn du nicht alleine reist): Es ist große Kompromissbereitschaft nötig, die vielleicht gerade an Schlechtwettertagen Stress verursacht, weil im Innenraum entweder nur gelegen oder gesessen werden kann.

– Zum Schlafen muss immer umgebaut werden. Das kann schon nerven, wenn man müde vom Fahren ist oder eigentlich nur ein spontanes Schläfchen zum Ausruhen braucht – oder du lässt das Bett immer aufgebaut und hast nichts zum Sitzen.

– Die größte Einbuße an Wohnqualität ist vielleicht das WC, auf das du entweder verzichten musst oder das du nur als sogenanntes »Porta Potti« mitnehmen kannst, wenn du dafür im Innenraum Platz (etwa 80 x 80 cm) findest.

» Wer mit minimalem Komfort reisen kann und will, der wird mit Wendigkeit, Flexibilität und Kostenersparnis belohnt. Außerdem steht man immer so nah am Ort des Geschehens, wie man möchte.

Wie komme ich an mein Wunschmobil?

Wenn du jetzt in etwa weißt, welche Fahrzeuggröße dir und deinen Vorstellungen vom Wohnen und Fahren entspricht, dann geht es nun zur konkreten Anschaffung: Mieten oder kaufen?

Mieten: die Vor- und Nachteile

+ Der wichtigste Vorteil beim Mieten (vor allem für alle Erstcamper): **Du kannst ausprobieren, ob das mobile Wohnen, das viele Fahren und das Leben auf dem Campingplatz überhaupt zu dir passen.**

+ Und du kannst auch erst einmal testen, ob der Wohnmobil-Typ, für den du dich entschieden hast, vielleicht zu groß oder zu klein für deine Ansprüche ist.

+ Da die Wagen von großen Vermietern fast immer neuwertig und damit absolut fahrsicher, sauber und technisch auf dem neuesten Stand sind, wirst du unterwegs in der Regel keine technischen Probleme zu bewältigen haben.

+ Du bezahlst das Auto nur für die Zeit, in der du damit unterwegs bist! Reparaturen, Wartung, Überwinterung, Grundreinigung sind für deinen Geldbeutel kein Thema.

− Die Miete ist meist ganz schön hoch! Gerade in der Hauptsaison ist ein großes Womo fast so teuer wie ein Hotelzimmer - und das noch ohne Straßengebühren, Fährkosten, Campingplatz und natürlich ohne Benzin.

− Privat geliehene Camper bergen ein hohes Risiko: Da werden Freundschaften schon auf die Probe gestellt, wenn das Womo im lädierten Zustand zurückgegeben werden muss.

− Du musst dich damit arrangieren, was dir zur Verfügung gestellt wird, auch wenn dich die Einrichtung schon nach wenigen Tagen nervt oder du keinen Platz für deinen Kram findest, weil Haken, Regale, Schubladen etc. fehlen.

Kaufen: die Vor- und Nachteile

+ Es ist deins! Dein Zuhause, dein Baby – du kannst es einrichten, ausstatten, tunen, wie du willst. Du kannst überall Haken, Stauraum, Deko und Gimmicks anbringen und es exakt nach deinen Ansprüchen herrichten – kurz: **Du darfst dich damit überall ganz geborgen und wie zu Hause fühlen.**

– Es ist deins! Dein Zuhause, dein Baby – du musst es dauernd technisch in Ordnung halten oder reparieren, es kostet dich auch im stehenden Zustand einiges (Steuer, Versicherung, evtl. Parkplatz), du musst dich auch im Winter darum kümmern und es auch im Urlaub in die Werkstatt bringen – kurz: **Es frisst dir die Haare vom Kopf.**

Wohnmobil mieten

Es gibt eine Menge guter Vermieter, die du im Internet oder besser über Mundpropaganda findest. Bitte achte bei deiner Suche oder Auswahl darauf:

- Wenn du nahe an einem Bundesland wohnst, das nicht zeitgleich mit dir Schulferien hat, ist es vielleicht sinnvoll, dir dort eins zu leihen, weil die Preise (gerade die der Familienkutschen) dann deutlich günstiger sind. Auch wenn du zwei Tage mehr (abholen und hinbringen) bezahlen musst: Vergleichen lohnt sich sehr.

- Achte darauf, welche Selbstbeteiligung du hast. Es passieren schnell Minischäden, die sich summieren: Der Fotoapparat rutscht aus dem Schrank und haut eine Macke in den Tisch: zack - 200 Euro. Der aufgeklebte Handtuchhaken reißt mit Wandverkleidung ab: wieder 100 Euro, der Zweitschlüssel liegt noch in Italien ...

- Die meisten Vermieter bieten gegen Aufpreis die Campingmöbel dazu an. Das ist zwar praktisch, aber zu den Preisen kannst du sie meist kaufen und hast sie danach für deine weiteren Reisen oder Gartenpartys.

- Lass dir Zeit bei der Einweisung/Übergabe des Campers, probiere alle Funktionen (Wassertank füllen, Gasanlage, Toilette, Fenster) selbst aus, und lass dir die Technik (Gasflaschenwechsel, Sicherungskasten, Bettenbau) gut zeigen. Einige Vermieter haben keine Lust auf lange Erklärungen, aber nichts nervt mehr, als unterwegs zu merken, dass du nicht weißt, wie sich die Toilette leeren lässt, oder erst am Ende der Reise herauszufinden, dass sich das Dachfenster hätte öffnen lassen.

» Tipp

Für deinen Trip kannst du auch unkompliziert einen Camper **von privat mieten**: z. B. über »PaulCamper«, der Vermittlungsplattform für privates Camper-Sharing **(www.PaulCamper.com)**. Besitzer von Wohnmobilen vermieten hier ihr Fahrzeug in ungenutzter Zeit - eine günstigere, persönlichere Alternative zu klassischen Vermietern.

Miet-Check

- Kläre (natürlich schriftlich), was bei Defekten unterwegs am Fahrzeug geschehen soll: Welche Reparaturen darf/soll der Mieter sofort ohne Rücksprache ausführen lassen? Ab welchem Betrag ist eine Genehmigung des Vermieters nötig? Was passiert, wenn die Reparatur länger dauert: Wird ein Ersatzfahrzeug gestellt, gibt es eine Vergütung für verlorene Urlaubstage, wer bezahlt die unter Umständen notwendige Rückführung des Fahrzeugs?

- Es sollte eine »Bereitstellungsgarantie« im Mietvertrag aufgeführt sein, dass bei Ausfall des gebuchten Fahrzeugs Ersatz zu stellen ist (Vermieter mit kleiner Fahrzeugflotte tun sich hier naturgemäß schwerer).

- Die Kaution sollte bei ordentlich zurückgegebenem Fahrzeug sofort zurückerstattet werden.

- Achte beim Mietvertrag auf Kostenfaktoren wie »zusätzliche Reinigungskosten« oder »Instandsetzung«.

- Es sind unbedingt alle Fahrer des Wagens im Mietvertrag zu benennen.

- An manchen Grenzen brauchst du eine internationale Bestätigung, dass du offizieller Mieter dieses Fahrzeugs bist, weil dein Name nicht im Kfz-Schein eingetragen ist. Dein Vermieter sollte dieses Formular kennen. Ohne das ausgefüllte Formular hast du beispielsweise vor Montenegro und Albanien Schwierigkeiten und musst unter Umständen Zollgebühren zahlen.

- Besteht ein Schutzbrief für das Fahrzeug? Ist eine gültige Grüne Versicherungskarte vorhanden, die nicht regional beschränkt ist (z. B. nur gültig in Europa und nicht im asiatischen Teil der Türkei)?

- Ist das gemietete Zubehör vollzählig und vollständig? (Schäden solltest du penibel ins Übernahmeprotokoll aufnehmen lassen. Nimm dir Zeit dafür, bevor du um deine Selbstbeteiligung streiten musst.)

- Ist das Fahrzeug sauber? Achte besonders auf die Polster, alle (auch die hochgeklappten) Betten, den Sanitärraum und die Toilette.

- Ist der Innenraum trocken (besonders das Bad, unterhalb der Küchenzeile, hinter den Polstern), und sind die Wasser- und Abwasserleitungen dicht (ausprobieren und auf den Geruch achten)?

- Funktionieren alle Wasserhähne, die Toilette und die Gasanlage? Wo setzt man den Wagenheber an? Wie lässt sich die Alarmanlage bedienen und die Motorhaube öffnen?

- Wo befinden sich Reserverad, Wagenheber, Werkzeug, Erste-Hilfe-Kasten, Warndreieck, Warnwesten, Auffahrkeile, Warnschild für Fahrradträger?

Wohnmobil kaufen

Technisch solltest du dich bitte unbedingt von einem erfahrenen Kfz-Checker beraten lassen. Das kann nicht theoretisch gelöst werden, sondern nur vor Ort, am besten bei einer ausführlichen Testfahrt. Hast du ein Mobil scharf ins Auge gefasst – der ADAC bietet (für etwa 100 Euro) einen technischen Gesamtcheck mit Gutachten und Preis-Leistungs-Beurteilung. Da du dich mit diesem Fahrzeug oft weitab jeder Werkstatt bewegst, ist die Technik für entspannte Urlaube entscheidend: Nimm dir also viel Zeit dafür, den besten Wagen zu finden.

Kauf-Check

Um dich bei gleich gutem Zustand der Fahrzeugtechnik besser zwischen verschiedenen Ausstattungsangeboten entscheiden zu können, hier die Kriterien, die das Leben als Camper verbessern und die für mich persönlich zur Grund- und Pflichtausstattung gehören. Ihr Vorhandensein oder ihr Zustand können deine Kaufentscheidung mit beeinflussen:

* Kühlschrank

Wenn ein Kühlschrank eingebaut ist, wäre es toll, wenn er neben Strom auch mit Autobatterie und Gas, evtl. sogar solar zu betreiben ist. Grundsätzlich ist er natürlich verzichtbar, aber ein solcher Luxus erhöht den gesunden Konsum an frischen Lebensmitteln und den Komfort (kühler Schluck Weißwein am Abend ...). Alternativ gibt es Kühlboxen, die über den Zigarettenanzünder (12 V) und die normale Steckdose (220 V) betrieben werden können, einige auch mit Gas – aber hast du Platz dafür?

* Markise

Sie ist tatsächlich oft der einzige Schatten weit und breit und deswegen eigentlich unverzichtbar. Alternativ ist sie nachrüstbar, allerdings recht teuer. Schatten ist auch mit Sonnenschirm, Sonnensegel bzw. Tarp machbar, wobei hier wiederum meist ein Stauraumproblem entsteht.

* Mückenschutz in den Fenstern integriert

  Ohne geht es nicht – oder nur schwitzend bzw. jagend! Kann aber leicht mit selbstklebenden Klettbändern nachgerüstet werden (was dann meist allerdings nicht besonders gut aussieht).

* Mückenschutz an der Einstiegs- und Hecktür

  Dieser Schutz ist bei vielen großen Mobilen durch Moskitonetz-Falttüren gelöst, nachrüstbar durch »Plüschvorhänge«, die angeklebt werden. Bei kleinen Womos mit Schiebetüren gibt es dem (neueren) Modell entsprechend passgenaue Vorhänge zum ganz einfachen Nachrüsten. Auch Selbstbaulösungen sind recht gut machbar.

* Fenster mit integrierten Jalousien

  Gerade wenn du allein unterwegs bist oder mal in der Stadt übernachtest, ist ein völlig blickdichter Raum ganz schön wichtig für dein Wohlbefinden. Das kann natürlich auch anders gelöst werden: Vorhänge selbst schneidern und an (mit Sekundenkleber festgeklebten) Gardinenstangen (aus dem Baumarkt) befestigen.

* Toilette

  Für mich persönlich geht es nicht ohne! (Frauenthema: Wir können uns eben nicht so einfach an den Straßenrand im karstigen Gebirge, an macchiabewachsenen Steilküsten, auf dem Parkplatz des Supermarktes oder nachts am Rand des Industriegebietes hinhocken). Entweder ist eine Kassettentoilette eingebaut, dann sollte sie ultragepflegt sein, oder im Innenraum muss genug Stellfläche (ca. 80 x 80 cm) für ein »Porta Potti« sein.

* Fahrradträger

  Ist ein feines Extra, denn damit kannst du entweder die Fahrräder mitnehmen – allerdings ist bei jeder Reise zu überlegen, ob du sie benutzen wirst (Hitze! Kälte!) –, oder du funktionierst ihn mit einer (leichten) Extrabox für (wichtigeres) Sportequipment um. Es gibt die unterschiedlichsten Modelle: Er ist entweder fix an der Karosserie verschraubt oder mit einer Klemmkonstruktion zu befestigen.

* ## Solaranlage

Sehr praktisch und luxuriös, wenn sie bereits vorhanden ist, vor allem wenn man öfter frei stehen möchte. Natürlich kann der gute Handwerker teuer und aufwendig nachrüsten. Alternativ gibt es recht günstige Paneele, die nicht fest installiert werden, sondern nur am Übernachtungsplatz herausgeholt und angesteckt werden.

* ## Stauraum

Alle Dinge müssen in verschließbaren Schränken verstaut werden, damit während der Fahrt nichts herumfliegt. Es können also keine Gewürzgläser auf der Arbeitsplatte, Bücher im offenen Regal oder Zeichenzeug auf dem Tisch stehen oder liegen ... alles braucht seinen (geschlossenen) Stauraum. Und da kommt einiges zusammen! Bedenke, dass dein Vorrat an Wasserflaschen einen recht großen Platz braucht, dass die Klamotten für alle hineinpassen müssen (auch voluminöses Regen- oder Sportzeug!), dass die Campingmöbel verstaut gehören und dass auch »Kleinkram« wie Lesestoff, Elektrogeräte, Reiseführer, Küchen- und Badutensilien, Erste-Hilfe-Koffer und Medizin sowie Werkzeug einen festen (griffbereiten) Platz haben sollte.

* ## Geheimfach / Tresor

Manche Vorbesitzer haben schon vorgearbeitet und eins oder sogar zwei eingerichtet: Fächer, die nicht so rasch zu erkennen und/oder zu öffnen sind, in die du dein Bargeld, deinen Reisepass (Personalausweis ist im Geldbeutel), den Kfz-Schein und die Kopien aller Dokumente legst. Wenn es noch keins gibt: Überleg dir eins!

* ## Erlaubte Zuladung

Erfrage unbedingt die erlaubte Zuladungsmenge (das ist die Differenz zwischen zulässigem Gesamtgewicht und Leergewicht). Für ein Familienmobil geht man davon aus, dass 700 bis 800 Kilogramm ein gutes Maß sind, um realistisch packen zu können. Hat das Mobil deiner Wahl weniger Spielraum, musst du schon etwas über dein Equipment nachdenken, unter 500 Kilo erlaubter Zuladung wird es unrealistisch.

Welcher Campingtyp bin ich?

Es gibt zwei grundsätzlich verschiedene Campingtypen, die sich ihre Lieblingsplätze niemals streitig machen werden. Zu welchem Typ gehörst du?

Routenplanung

- Du reist gerne nach Plan und studierst deswegen schon vorab die entsprechenden Reiseführer. Am besten findest du es eigentlich, wenn du du das Navi vorher programmieren kannst, dir damit die Zeit der Platzsuche sparst und so ganz genau weißt, wie lange du für die Strecke brauchst. » Typ A

- Dein Reiseplan besteht aus einer ungefähren Richtung. Ungern steuerst du vorher festgelegte Campingplätze an, und die Plätze, denen du lieber zufällig begegnen willst, stehen selten in großen Reiseführern, da sie zu abgelegen und damit schwer zu finden sind. » Typ B

Platzqualität

- Du bevorzugst das Gewohnte. Gern kann der neue Platz in etwa wie der vorangegangene aussehen, du schätzt es, wenn hoher Komfort angeboten wird. Dafür nimmst du in Kauf, dass der Platz auch mal recht voll sein kann. » Typ A

- Jeder Platz, der ungewöhnlich ist, vielleicht ein wenig schäbig, dafür aber möglichst menschenleer, wird dein Herz gewinnen. » Typ B

Verweildauer

- Hast du dich auf einem schönen Platz eingefunden, magst du es, dich häuslich einzurichten. Du liebst es, deine Sachen aufzubauen und so dein Terrain abzustecken, alles an die richtige Stelle zu räumen und wetterfest zu verankern. » Typ A

- Auch auf einem tollen Platz wirst du nicht allzu lange bleiben. Deshalb holst du jedes Stück nur dann heraus, wenn es wirklich gebraucht wird, damit du nicht zu viel Arbeit beim Wegpacken hast. » Typ B

Komfort

- Auch im Urlaub möchtest du Komfort nicht missen: Es ist dir sehr wichtig, dass dein Womo Stromanschluss hat, am besten wäre auch Frischwasser neben dem Auto. Einen Supermarkt und das Restaurant am Platz findest du ebenso wichtig wie einen mehrsprachigen Empfang, sehr gepflegte Sanitärräume, WLAN und eine Waschmaschine. » Typ A

- Du brauchst nur eine einzelne Dusche, eine Toilette und ein kleines Stück Land in der ersten Reihe am Strand, um dich und dein Auto abzustellen. » Typ B

Es fällt dir nicht schwer, die Fragen zu beantworten, weil du dir im Klaren darüber bist, was du willst?

» Camping-Typ A = Urlaub auf Komfort-Campingplätzen

Nimm dir die Zeit und suche dir in der Gegend, in die du willst, immer ein paar Alternativen: falls dir der erste Platz doch nicht so gut gefällt oder zu voll ist, wenn du unterwegs durch tolle Sehenswürdigkeiten länger als gedacht aufgehalten wurdest, du zum Fahren keine Lust mehr hast, oder wenn du an diesem Tag doch ein Stück weiter als ursprünglich geplant fahren möchtest.
Am besten eignen sich für dich die großen Campingplätze. Es gibt einige Womo-Bücher, die ausführlich darüber berichten. Der ADAC-Camping-Führer und der ACSI-Führer setzen eigene Standards, denen du gut vertrauen kannst (auch als App). Weil du an Komfortplätzen auch immer Strom hast, ausreichend Frischwasser bekommst und die Zufahrt immer sehr großzügig angelegt ist, kannst du bedenkenlos auch völlig ungeübt alle Plätze mit einem »großen Schiff« anfahren.

» Camping-Typ B = Stehen auf Basic-Plätzen

Entscheide dich, in welche Richtung es gehen soll, und los geht's.
Für Notfälle, z. B. wenn du trotz langer Suche keinen Platz findest und es schon dunkel wird, wenn es dir oder den Kindern nicht gut geht und du sofort einen geborgenen Stellplatz brauchst oder wenn du nicht weiterfahren willst, weil du schon in der Nähe des Fährhafens bist, empfehle ich dir die Bücher des Womo-Verlags (www.womo.de). Wenn man nicht auf den darin angegebenen Touren fährt (die aber in der Regel an den schönsten Strecken liegen), sind die Bücher zwar etwas anstrengend zu lesen, aber du findest nicht nur kleine Campingplätze, sondern auch viele erprobte freie Stellplätze in Städten, Parkplätzen und an Stränden, was gerade bei Zeitknappheit oder Nervanfällen Gold wert ist.
Mit deinen geringen Ansprüchen an die zukünftigen Stellplätze wirst du dich wahrscheinlich auch bei der Größe deines Gefährts zurückhalten. So passen du, dein Fahrzeug und deine Plätze ideal zusammen.

Kroatien / Insel Pag

»Nichts bringt uns
auf unserem Weg besser voran
als eine Pause.«

E. B. Browning

Fahren

Egal ob riesig oder klein: Dein Wohnmobil bietet dir ein völlig neues Fahrerlebnis, denn du sitzt oberhalb des Geschehens, du bist langsam, behäbig und vielleicht auch ein echtes Hindernis für die meisten anderen – aber du bist vollkommen gelassen und in deinem ganz eigenen Fahr-Flow.

Easy fahren

Du steigst das erste Mal in dein Mobil – es wird etwas dauern, bis du dich an dein Fahrzeug gewöhnt hast, denn plötzlich hast du ein vergleichsweise großes Gefährt unter dir und musst dich ohne die gewohnte Rundumsicht zurechtfinden.
Fahre also die ersten Kilometer besonders achtsam (erst einmal ungestört, vielleicht ohne Begleitung) und nutze einen Großparkplatz, um dich in Ruhe eingewöhnen zu können. Übrigens gibt es (z. B. vom ADAC) Fahrsicherheitstrainings speziell für Wohnmobile.

Und dann, nach ein paar Kilometern »on the road«, sitzt du plötzlich »über den Dingen«. Die Sicht wird weiter, das Fahren langsamer und damit entspannter, und in dir stellt sich das tiefe Gefühl von absoluter Gelassenheit ein. Du lehnst dich zurück und kannst jeden Kilometer genießen – jetzt bist du Wohnmobil-Reisender: im Fahr-Flow.

* Präge dir die Womo-Maße ein

Es ist ausgesprochen wichtig, dass du deine **Fahrzeughöhe** auswendig weißt! Die meisten Höhenbegrenzungen werden erst direkt am Hindernis ausgeschildert, so dass dir nicht viel Reaktionszeit bleibt.

Präge dir außerdem ein, welches der **tiefste Punkt deines Womos** ist (z. B. der Ablasshahn), damit du nicht aus Versehen aufsetzt.

Auch die **Gesamtlänge** solltest du im Kopf haben, denn an manchen Mautstellen und am Fährhafen wird nach der Länge des Fahrzeugs abgerechnet.

Und deine **Mobilbreite** ist u. a. an Autobahn-Baustellen entscheidend.

Tipp: Kleb dir einen Zettel deiner Gesamtmaße einfach ans Armaturenbrett

* Gewöhn dich an deine Dimensionen

Abbiegen: Nicht zu früh einschlagen (über den Bordstein poltern), aber auch nicht zu weit ausholen (Gegenverkehr!)

Hecküberhang: Betrachte ihn unbedingt auch mal von außen! Das Heck schwenkt (bei größeren Gefährten) wirklich weit und bedrohlich aus.

Außenspiegel: Sie sind oft ungewohnt zweigeteilt. Mindestens im Weitwinkelspiegel solltest du das Hinterrad sehen – erstaunlich, welch kleinen Winkel die Spiegel abdecken.

Einparken: Mal alleine, mal mit einem Einweiser. Verabredet eure Gesten, die über den Rückspiegel kommuniziert werden.

* Bleibe defensiv

Große Autos werden von allen gesehen. Meist werden gerade Camper automatisch mit einem »Touristenbonus« relativ zahm behandelt, vorgelassen und nicht (sofort) angehupt. Das »Recht« liegt natürlich immer bei den Jüngeren / Schnelleren / Einheimischen – aber meine Erfahrung nach vielen tausend Kilometern: In Ruhe und mit Blickkontakt, strahlendem Lächeln und vielen netten Handzeichen kommst du und dein Womo unbeschadet durch alle chaotischen Situationen.

Estland / Tallinn

* Lass dich nicht stressen

Das Wichtigste ist: Lass dich niemals drängeln! Es kann nicht mehr passieren, als dass du angehupt wirst. Na und? Suche in aller Ruhe deinen Weg: Du kannst auch öfter durch den Kreisverkehr kurven, bis du die richtige Abfahrt triffst, oder mehrmals die Hauptstraße auf und ab fahren, bis du das Schild für die Landstraße findest. Auch wenn viele hinter dir ungeduldig sind – parke ganz langsam und mit Bedacht ein: Es ist für alle Beteiligten besser, wenn ein paar Gestresste ihren Frust an der Hupe auslassen, als wenn du einen Schaden verursachst.

* Bleib im Fluss

Mit einer ruhigen Fahrweise kannst du entspannt vorwärtskommen und dabei genussvoll noch viel von der Landschaft sehen. Wichtig dabei ist allerdings, dass du den Verkehr hinter dir immer im Blick behältst und ihn bei jeder sich bietenden Gelegenheit vorbeilässt. Fahr einfach mit den rechten Reifen auf den (oft großzügig breiten) Randstreifen (achte auf Löcher und abbröckelnde Ränder etc.), blinke dabei rechts und winke mit deiner Linken die schnelleren Autos vorbei – sie werden dir dankbar zuhupen.

* Fahr nur ausgeruht

Fang unbedingt rechtzeitig an, dir einen Schlafplatz zu suchen, am besten schon am frühen Nachmittag! Du hast ein ungewohnt großes Auto, fährst auf ungewohnt schlechten Straßen und dazu ungewohnt lange – bitte halt an, noch bevor du dich müde fühlst! Nur dann bist du noch fit und vor allem geduldig genug, um nicht den erstbesten Campingplatz nehmen zu müssen, sondern kannst noch gut gelaunt nach einem besseren suchen. Und zu früh auf einem schönen Platz zu stehen, das gibt es nicht! Dann freust du dich, ihn nutzen zu können.

* Mach viele Pausen

Steig aus und genieße! Pausen sind (vor allem auch mit Kindern!) Teil deiner Reise: Überall duftet es anders, du siehst stehend noch mehr Details, du kannst ins Wasser springen, ein Stück den Pfad entlangspazieren. Erkunde mit einem Eis in der Hand die kleinsten Gässchen des Dorfes, trinke einen Frappé mit den Füßen im Meer, kauf dein Obst beim Straßenhändler, betrachte die Sehenswürdigkeiten … halt einfach inne! Nur wer Pausen macht, sieht tatsächlich etwas vom Land.

Griechenland / Arkadien

* Missachte den Stau

Oft lösen sich Staus auf Autobahnen nach wenigen Stunden von selbst auf – nutze also dein Wohn(!)mobil und stell dich auf den nächsten Autobahnrastplatz für ein lecker gekochtes Mahl, nimm die nächstmögliche Abfahrt für ein Mittagsschläfchen auf dem Feldweg, genieße eine Runde Kartenspiel, das nächste Kapitel in deinem Buch, einen gemütlichen Kaffee, die Besichtigung einer völlig unspektakulären Stadt ... Erinnere dich, bevor du genervt bist: Du hast alles bei dir, was dein Leben abseits des Staus schöner macht – und dann fließt der Verkehr plötzlich wieder.

* Vermeide Nachtfahrten!

Die Straßen sind tagsüber unübersichtlich genug. Gerade in südlichen Ländern »arbeiten« die Straßen selbst mehr, als daran gearbeitet wird: Sie rutschen ab, fallen in sich zusammen, bröckeln. Überall entstehen tiefe Löcher, Hügel, breite Risse ...
Du kannst in der Nacht nicht gut sehen, ob Anwohner zur »Verkehrsberuhigung« willkürlich krasse Schwellen auf die Straße gelegt haben, ob größere Brocken von der Felswand abgegangen sind oder ob der Straßenrand plötzlich fehlt.
Außerdem sind nachts viele frei laufende Tiere (Kühe, Wildschweine, Schafe oder Ziegen, streunende Hunde usw.) unterwegs.

* Tanke rechtzeitig

Lass den Tank nie leerer als viertelvoll werden – du weißt ja nie, was noch kommt. Vielleicht landest du spontan auf einer Insel, auf der Tankstellen rar sind, oder du fährst über einen unerwartet langen Pass, oder du bist im Hinterland unterwegs, wo es nur Mini-Tankstellen gibt (die du aus Qualitätsgründen besser nicht ansteuerst), oder du gerätst in eine Gegend, die gerade großräumig nicht mit Diesel beliefert wurde, oder es herrscht plötzlich Streik ...

* Plane großzügig

Wenn du deine Etappen gern im Voraus planst, dann bedenke bitte, dass das Reisen mit dem Womo deutlich mehr Zeit in Anspruch nimmt. Plane lieber etwas zu kurze Etappen, dann hast du viel Luft für gemütliche Pausen, statt in Stress zu geraten. Zu früh anzukommen ist nicht möglich, aber gerade die großen Plätze schließen um spätestens 22 Uhr ihre Schranken, was unangenehmer für dich ist, als ein paar Stunden länger auf dem Campingplatz zu verbringen.

Slowenien / Wurzenpass

Eine Passstraße genießend fahren

Sich mit dem Camper über Bergpässe zu bewegen ist Geschmackssache. Ich persönlich liebe es sehr, aber ich kann auch nachvollziehen, wenn es dir zu langsam geht oder du Befürchtungen hast, solche extremen Strecken zu fahren.

- Denk **vorher** gut darüber nach, was du dir wirklich antun willst: Umdrehen ist meist schlecht, Umfahren dafür immer möglich.

- Wenn du dich für die Route über einen Pass entschieden hast, dann plane, diesen Weg früh am Tag anzutreten, denn erstens brauchst du ausgeruhte Nerven, um entspannt zu fahren und dabei genießen zu können, und zweitens benötigen diese paar Kilometer immer überraschend mehr Zeit (und Pausen) als gedacht.

- Denk daran, **genug Benzin im Tank** zu haben – auf Pässen gibt es in der Regel keine Tankstellen, und du brauchst mehr Treibstoff als sonst.

- Gerade auch auf dieser Strecke gilt: **Fahr langsam und bleib ruhig**.

- **Lass die Schnelleren, so oft es geht, vorbei**, indem du entweder weit genug rechts fährst und sie (nur wenn die Strecke übersichtlich genug ist) vorbeiwinkst – oder einfach an einer möglichen Stelle ganz anhältst und wartest, bis alle überholt haben.

- **Behalte deinen Kühler im Blick!** Mach einfach schön oft und lange Pausen – noch weit bevor er überhitzt! Für dein großes, schweres Womo ist es auf- und abwärts sehr anstrengend, deswegen solltest du es schonen.

- Abwärts solltest du, auch wenn es dadurch sehr langsam geht, möglichst ständig die **Motorbremse** benutzen. Lass die Eiligen dich ruhig bei jeder guten Gelegenheit überholen. Auch hier gilt wieder: Lass dich nicht stressen – sie werden es aushalten, wenn du ihnen zu langsam bist. Aber dein Fahrzeug wegen einer überlasteten/ausgefallenen Bremse mit der Handbremse zu bremsen ist dramatisch!

Ganz entspannt mit der Fähre reisen

Wenn du vorhast, dich und dein Womo einige Kilometer übers Meer tragen zu lassen, du dir aber ein wenig unsicher bist, wie das funktioniert, kann ich dich beruhigen: Es ist eine großartige Art und Weise, deine Reise zu ergänzen!

* Wichtig zu wissen: **Für Wohnmobile gibt es auf manchen Fähren die Option »Camping on board«.** Das bedeutet, dass dein Gefährt auf dem »Open Deck« parkt und für dich während der Überfahrt (statt einer Kabine) ständig zur Verfügung steht. Du hast Stromanschluss und freien Zugang zum Deck, so dass du in deinem »Zuhause« ganz gemütlich die Zeit mit Essen, Schlummern und Schlafen verbringen kannst. Leider bieten die Fährgesellschaften diese Möglichkeit nicht in jeder Jahreszeit und nicht auf allen Strecken an. Erkundige dich deswegen besser vorher – außer du bist entspannt genug, entweder die nächste Fähre zu nehmen oder eben »klassisch« in einer Kabine zu reisen. Du bekommst mit dem Ticket ein »Open Deck«-Schild, das du mit deinem Zielhafen hinter die Windschutzscheibe klemmst. So können dich die Einweiser an die richtige Stelle im Schiff dirigieren.

* **Das Ticket kaufst du entweder vorher (im Reisebüro bzw. online) oder vor Ort am Fährhafen (im Passagierterminal) bzw. in einem der vielen Reisebüros, die auf den Hafen-Zubringerstraßen angesiedelt sind.**
  Vorher besorgen oder vor Ort: Im Prinzip hast du die Wahl zwischen einem sicheren Fährplatz und eventuellem Pünktlichkeitsstress oder Spontaneität und eventueller Verzögerung bzw. einer zusätzlichen Übernachtung nahe dem Hafen, weil erst die nächste Fähre möglich ist. (In der Nebensaison allerdings habe ich bisher noch auf jeder Fähre einen Platz bekommen.)

* **Etwa zwei Stunden vor genannter Abfahrtszeit** fährst du mit deinem Ticket zur Hafeneinfahrt. Dort wird das Auto durchgecheckt (z. B. ob blinde Passagiere an Bord sind), und dann stellst du dich in deine Reihe. An manchen Häfen ist alles etwas unübersichtlich, aber keine Sorge, du wirst an die richtige Stelle geleitet. Auch an den anderen Campern kann man sich gut orientieren. Wenn du aus Versehen oder zur Sicherheit zu früh dran bist – egal, denn außerhalb des Hafens gibt

es immer Möglichkeiten, spazieren zu gehen oder Kaffee zu trinken, und innerhalb des Hafengeländes hast du ja dein eigenes »Wohlfühl-Mobil« mit Verpflegung dabei. Irgendwann siehst du dein Schiff einlaufen. **Du kannst gemütlich beim Anlegemanöver zusehen**, denn es dauert lange, bis die geladenen Autos und Lkws ausgespuckt sind und deine Warteschlange an Bord gelassen wird.

- **Bleib ruhig und gelassen!** Die Schiffsbesatzung wirkt hektisch und genervt, aber sie sind unsichere Fahrer gewohnt. Folge den anderen Autos zur großen Rampe, dort gibst du das Ticket aus dem Fahrerfenster und folgst du den Einweisern. Lass dich nicht aus der Ruhe bringen, es kann nichts passieren, außer angepfiffen und angemotzt zu werden, aber du bist ganz sicher nicht der Erste, der vielleicht etwas langsam ist! Und alle werden auf dich warten! Lächeln hilft auch hier!

- Wenn dich der Einweiser zu nah an ein anderes Fahrzeug lotsen will – sei stur! Achte darauf, dass du **Platz genug hast, um deine Türen zu öffnen**! Er kennt das Problem und versteht, wenn du (etwas) weiter weg bleibst.

- Hast du Camping on board gebucht und stehst auf deinem dir zugewiesenen Platz: Handbremse rein und gemütlich machen! Das **Stromkabel** wird dir kurz darauf von der Crew von der Deck-Decke gezogen, so dass du es anstecken kannst. Ist dein Mobil fertig geparkt, kannst du an Deck gehen und einen Kaffee mit Blick auf das verschwindende Land genießen.

- Alle Fährlinien bieten **Restaurants und Bars an Bord** – oft mit mäßiger Qualität und relativ teuer. Bei Camping on board hast du das Glück, dir selbst deine Mahlzeiten zubereiten zu können, oder du machst an der frischen Luft Brotzeit auf der Picknickdecke und schaust dabei auf den Horizont.

- Auch wenn Fähren selten richtig ins Schaukeln geraten: Viele (vor allem Kinder) werden schon bei den leichten Schunkelbewegungen seekrank. **Halte also Medizin gegen Reisekrankheit bereit.**

- **Ohrstöpsel** werden dir sicher in der oft lauten Nacht (Schiffsdiesel-Brummen, Lkw-Kühlung-Knattern, Alarmanlagen ...) zu besserem Schlaf verhelfen.

Lettland / Ventspils

* Wenn Camping on board auf dieser Fähre keine Option ist: Die Kabinen an Bord haben unterschiedliche Kategorien, sind aber alle recht komfortabel ausgestattet: Ein gutes Bett und ein eigenes Bad versüßen dir den Umstand, dass du eine Nacht nicht im eigenen Mobil verbringen kannst.

* Schon am nächsten Morgen kannst du deinen Frühstückskaffee im anderen Land bzw. mit Blick darauf genießen! Und beim Herausfahren fühlst du dich bereits wie ein Fähren-Profi

»Offroad«-Situationen meistern

Meist sind es gerade die unattraktiven Stichstraßen abseits der geschlossenen Asphaltdecke, die den geringsten Andrang an zumeist tollen Plätzen versprechen. Ein wenig Abenteuerlust und vielleicht auch Mut gehören dazu, von der Hauptstraße abzubiegen:

- Selbstverständlich ist, dass keine Waldwege, Pfade etc. gefahren werden, die nicht für den Straßenverkehr zugelassen sind. Auch im Ausland sind die Strafen hoch, und der Naturschutz hat oberste Priorität.

- Folge den Wegen, die dich anlachen, aber behalte hier noch schärfer deine **ungewohnten Dimensionen** im Auge – inklusive des hohen Gewichts deines Gefährts und des eventuell sehr weiten Radstands (Gefahr des Aufsitzens bei hohen Bodenwellen!).

- Bist du unsicher, ob dieser spannende Weg von deinem Mobil zu schaffen ist? **Geh das nächste Stück lieber zu Fuß** und prüfe die Beschaffenheit: Sand, Geröll und Schotter lassen sich relativ schlecht mit schweren Gefährten meistern.

- Wenn du lieber doch drauflosfährst, **präge dir unbedingt die Umkehrmöglichkeiten ein**, denn falls du doch wegen eines unüberwindbaren Hindernisses oder plötzlich auftauchendem Gegenverkehr rückwärts manövrieren musst, wirst du die Stellen zum Ausweichen oder Umkehren nicht gut erkennen – also musst du während des Vorwärtsfahrens schon darauf achten.

- Steile **Schotterwege und Geröllpisten** meisterst du (wie einen Pass) mit Ruhe, Schwung und im ersten Gang. Sieh zu, dass du hier nicht stehen bleibst, nimm kleinere Hindernisse lieber sportlich rumpelnd, denn das Anfahren am Berg kann auf losem Untergrund sehr schwierig werden.

- Generell solltest du dich **auf Schotterpisten wegen Steinschlags sehr fern vom Vordermann** halten, aber recht nah am Gegenverkehr: Im Idealfall treffen dich keine Steinchen, und wenn, dann weit unten am Blech und nicht auf Fensterhöhe.

- Längere Sandpisten sind ein Glücksspiel, denn auch wenn du die Strecke abgegangen und für gut befunden hast, kannst du ein tiefes, tückisches Sandloch übersehen haben. Versuche, **die Strecke aus Sand möglichst zügig zu durchfahren**, sei nicht zögerlich!

- Durch eine allerhöchstens **wadentiefe (!) Furt** saust du mit gemäßigtem Anlauf und zügig, damit du auf den runden, glitschigen Steinen nicht hängen bleibst.

- Falls du doch im Sand hängen bleibst, **probier bitte nie, dich mit Gasgeben selbst herauszuarbeiten**: Du und dein schweres Gefährt werden die missliche Lage immer verschlimmern. Es gibt nur die Möglichkeit, dich von helfenden Händen herausschieben oder -schleppen zu lassen oder dich mit »Traktionshilfen« wie zum Beispiel untergelegten Zweigen, Gummimatten, Teppichen (es gibt sogar Unterlegmatten aus Kunststoff im Campingbedarf zu kaufen) etc. im zweiten Gang langsam und ruhig herauszuarbeiten. In der allergrößten Not kannst du den Querschnitt der Reifen verbreitern bzw. den »Grip« der Reifen verbessern, indem du Luft ablässt. Das ist allerdings nur dann sinnvoll, wenn die nächste Tankstelle nicht weit ist oder du eine autoventiltaugliche Luftpumpe dabeihast.

»Der beste Beweis
für die Beruhigung der Seele ist,
so meine ich,
stehen bleiben zu können
und mit sich zu verweilen.«

Seneca

Stehen

Fühl dich frei, zu bleiben, wo immer du möchtest. Mitten in der Stadt oder weit weg in der Natur? Möchtest du auf dem Parkplatz eines Nationalparks übernachten oder direkt am Strand, mitten im Geschehen oder möglichst einsam? Alles ist möglich: Du darfst jeden Tag neu entscheiden.

Slowenien / Bohinj See

Mit dem Wohnmobil auf den Campingplatz

Du hast die erste Etappe im neuen Auto hinter dich gebracht und dabei vielleicht schon das Gefühl bekommen, was es heißt, wirklich auf Reisen zu sein, hast beim Fahren über das schöne Spiel der wechselnden Landschaften gestaunt und dir den Fahrtwind um die Nase wehen lassen. **Noch während du so unterwegs bist, hältst du schon Ausschau nach einem schönen, behaglichen Stellplatz für eine gute, entspannte Nacht.**

Campingplatz finden

- Möglicherweise hast du der Einfachheit halber **für die ersten Etappen schon mögliche Campingplätze ins Auge gefasst** und kannst sie direkt ansteuern. Das ist sinnvoll, denn für die ersten Übernachtungen solltest du es dir erst einmal so leicht wie möglich machen!

- 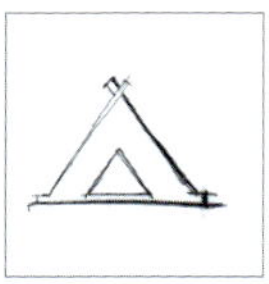  Ansonsten begegnen dir Campingplätze in den meisten Gegenden recht häufig, denn sie sind natürlich ganz gut (manchmal auch schon viele Kilometer vorher) ausgeschildert: **Du musst nur wachsam sein** und auch nach kleinen, verwitterten oder handgemalten Schildern sehen - oder rechtzeitig deinen Campingplatz-Führer um Rat fragen.

- Schon von außen lässt sich oft leicht erkennen, ob dir ein Platz sympathisch ist, ob er dir gepflegt genug erscheint oder völlig überfüllt ist. **Wenn du früh genug angefangen hast, einen Übernachtungsplatz zu suchen, kannst du entspannt wählerisch und kritisch sein.**

» Campingplatz-Check

- **Stell dich nicht zu nah an die Gastronomie- und Sanitärgebäude**: Hier ist es besonders laut, auch nachts.
- **Halte unbedingt Ausschau nach einem Schattenplatz!** Gerade zum Aufwachen ist Kühle sehr angenehm.
- **Der Boden sollte möglichst eben sein**, auch auf Senken solltest du achten, damit du nach einem Regenschauer nicht in einer großen Pfütze stehst.
- **Achte auf Nachbarn, die zu dir passen:** Mit oder ohne Hund/Kinder/Grill/Partygarnitur?
- **Versuche, nicht zu nah an anderen zu parken:** Es gibt viele Camperkollegen, denen Freiraum das Wichtigste ist.

Sich auf dem Campingplatz einrichten

- Manche Campingplätze weisen dir einen Stellplatz zu – reklamiere ihn, wenn er dir nicht gefällt: **Die Platzbetreiber halten ihre besten Plätze gern für Langparker zurück.**

- Beim Einchecken musst du angeben, ob du Strom haben willst. Wenn du keinen brauchst, dann kannst du einen der (stromlosen) Plätze wählen, die etwas weiter abseits vom Geschehen liegen und damit oft in eine günstigere Kategorie fallen.

- **Parke in der richtigen Richtung ein**: Dein Womo-Ausstieg sollte auf die Seite zeigen, in die alle anderen auch weisen, damit du deinem Nachbarn nicht direkt auf die Pelle rückst oder ihm ins »Wohnzimmer« blickst.

- Falls der Boden nicht ganz eben ist, **musst du die Auffahrrampen einsetzen, um das Auto waagerecht auszurichten**. Eine Nacht schief zu schlafen ist auszuhalten, aber über einen längeren Zeitraum wird es dich nerven.
Wie du die Auffahrrampen benutzt, erkläre ich auf Seite 234

- Hast du einen Stromanschluss mitgebucht, kannst du dein Womo jetzt an der nächstgelegenen Stromsäule anstecken. **Das Kabel verlegst du möglichst am Rand der Plätze entlang**, damit der nächste Camper nicht aus Versehen darauf parkt und dich so am Wegfahren hindert.

- Es gibt zwei verschiedene Steckdosen: für den CEE-Stecker (dreipolig) und den Euro-Stecker (zweipolig) – **du solltest immer die passenden Adapter dabeihaben**, damit du beide Anschlüsse benutzen kannst. Genauer erkläre ich die Stecker auf Seite 236

- Schick die Kinder zum Eisholen (sie haben sich nach der Fahrt eine Belohnung verdient), **damit sie den Platz kennenlernen können** – und dir nicht im Weg rumstehen. Gleichzeitig können sie im Laden fragen, ob und wann es in der Früh frisches Brot gibt.

- **Grüß deine Nachbarn freundlich**: Du weißt nie, ob du Tipps/Tricks/Hilfe/Korkenzieher ... von ihnen brauchst.

- **Installiere die Wäscheleine**, um die noch (oder gleich wieder) nassen Klamotten zu trocknen (dient idealerweise auch als kleiner Sichtschutz).

- Wenn du zum Lüften alle Fenster aufstellst, **dann lass den Mückenschutz sofort herunter** – dann vergisst du ihn später nicht.

- Wichtig: **Vor dem Schlafengehen solltest du dafür sorgen, dass alles wetterfest verstaut ist!** Hole die Markise ein (außer sie ist sturmfest verspannt), klemme leichtes Gummigetier/Boote etc. fest unter das Auto oder befestige sie mit einem Expander (z.B. am Fahrradträger) und klappe die Stühle/Tische zusammen oder lege sie kopfüber auf den Boden: Gerade am Meer, aber auch überall sonst kann völlig unerwartet ein (Gewitter-)Sturm aufkommen, und es ist fraglich, ob du (wenn du überhaupt davon aufwachst) Spaß daran hast, in der Nacht deinem Zeug über den Platz nachzuhetzen.

- Nachts solltest du **alles Essbare innerhalb deines Fahrzeugs** lagern – wenn du nicht Wildtiere, streunende Hunde oder Horden von Ameisen zu Gast haben willst.

Kroatien / Osor

Freies Stehen mit dem Camper

Die Alternative für eine Campingplatz-Übernachtung ist ein sogenannter freier Stellplatz. »Frei stehen« kannst du auf einem **Privatgrundstück** (beispielsweise Tavernen-Parkplatz), in einer **Marina** (also Yachthafen-Parkplatz), auf **Parkplätzen vor Freizeitparks, Schwimmbädern o. Ä., auf öffentlichen Parkplätzen** (z. B. bei Sehenswürdigkeiten) oder **einfach am Straßenrand** und natürlich auch in der **Natur** (Buchten, Waldränder, Wiesen, Ufer ...).
Gerade in kleineren touristenaffinen Gemeinden gibt es auch **offizielle Stellplätze**, ohne Rezeption und Sanitäranlagen, aber rund um die Uhr anfahrbar. Die Übernachtung kostet ein wenig, aber dafür gibt es eine Servicestation (Wasserver- und -entsorgung) und Stromanschluss.

In den meisten Ländern ist das Übernachten im Camper außerhalb von Campingplätzen laut Straßenverkehrsordnung verboten. In Belgien, Deutschland, Estland, Frankreich, Irland, Italien, Lettland, Litauen, Norwegen, Österreich, Rumänien, Polen, Schweden, Schweiz, Spanien, Türkei, Weißrussland aber ist es für eine Nacht offiziell erlaubt. Lass dich nicht davon beirren, denn in der Regel wird überall sehr kulant reagiert, wenn man den Anwohnern oder Polizisten das klare Signal gibt, hier nur auf der Durchreise zu sein, und dabei folgende Regeln einhält:

- Es ist tatsächlich gerade **kein Campingplatz in der Nähe**.

- Bleib **nicht länger als eine Nacht an einem Platz** (in der Natur ist auch länger in Ordnung, wenn sich niemand gestört fühlt), damit klar ist, dass du nur parkst, nicht campst.

- Wenn du deine Möbel draußen benutzen musst, stell sie **nicht auf »öffentlichen Raum«** (Gehsteige o. Ä.) oder blockiere mehr als einen Parkplatz. Und breite dich keinesfalls aus (keine fest verankerten Markisen, Teppiche etc.).

- Der Platz sollte **natürlich absolut sauber bleiben** (keine Müllsäcke neben dem Auto, keine Feuerstelle) und auch so hinterlassen werden.

- **Am besten ist: Du verhältst dich ruhig und bist quasi unsichtbar.**

Kroatien / Marina von Zadar

Frei stehen in der Stadt

Manchmal muss es einfach die Stadt sein: Vielleicht ist dein Zeitplan durcheinandergeraten, die Fähre erreicht erst nachts den Zielhafen, oder du hast dich einfach am Stadtstrand festgefeiert. Wenn du ein paar Punkte beachtest, wird dich niemand darauf ansprechen, dass du mittendrin stehst:

- Stelle **in der Stadt niemals Campingmöbel vor die Tür**: Du wohnst nicht, sondern parkst nur. Wenn du noch ein Glas Wein trinken möchtest, geh in die nächste Bar oder setz dich damit auf die Parkbank.

- **Bleib, wenn möglich, am besten in Sichtweite von anderen Womos.** Vielleicht machst du dich auch rasch mit deinen Nachbarn bekannt: Das steigert dein Wohlbefinden / Sicherheitsgefühl.

- **Auf bewachten, kostenpflichtigen Parkplätzen stehst du auf Privatgrund.** Das hält die Polizei außen vor und gibt dir zudem ein gutes Gefühl.

- In Hafenstädten gibt es meist kleinere **Marinas**, das sind sozusagen die Campingplätze der Yachten. Hier ist das Stehen mit Womos (zwischen den geparkten Autos der Yachtbesitzer) üblich. Kostet meist ein wenig, aber dafür sind immer ganz gute Waschräume / Toiletten vorhanden.

» Parkplatz-Reglement

- » Steht das **klassische Parkschild ohne Zusatzschild**, dürfen hier Kfz aller Art parken, also **auch Womos**.
- » Parkflächen, die **zusätzlich mit einem Schild mit Womo-Signet** gekennzeichnet sind, dürfen gemäß StVO **nur von Wohnmobilen** benutzt werden.
- » Wenn **das Zusatzschild einen Pkw darstellt**, dürfen ausschließlich diese dort geparkt werden. Ist dein Fahrzeug als »Sonderfahrzeug Wohnmobil« zugelassen, spielt es keine Rolle, welches zulässige Gesamtgewicht dein Camper hat: Für dich ist **dieser Parkplatz nicht erlaubt**.

Frei stehen auf öffentlichen Parkplätzen

Im ADAC-Faltblatt »Freies Campen und Übernachten in Europa« heißt es bezüglich der offiziellen Regelung in Deutschland:
»**Das Parken von Wohnmobilen ist im öffentlichen Straßenverkehr dort erlaubt, wo es nach der Straßenverkehrsordnung oder deren Zeichen nicht ausdrücklich verboten ist.** Sind Parkplätze mit dem Schild ›Parkplatz‹ beschildert, so dürfen dort Wohnmobile parken, wenn dies nicht durch Zusatzzeichen verboten ist. Beim Parken darf die Campingausstattung im Fahrzeug genutzt werden. Campingähnliches Leben, wie das Herausstellen von Tischen und Stühlen, gilt als verkehrsfremd und darf beim Parken und Übernachten nicht stattfinden.
Selbst längere Ruhepausen unterbrechen die vorwiegende Nutzung eines Wohnmobils zu Verkehrszwecken nicht. Eine einmalige Zwischenübernachtung zur Wiederherstellung der Fahrtüchtigkeit ist demnach zulässig. In der Regel geht man dabei von einem Zeitraum bis zu zehn Stunden aus. Natürlich darf beim Zwischenübernachten die Campingausstattung im Fahrzeug genutzt werden. Nicht zulässig ist dagegen mehrmaliges Übernachten am selben Ort – die Straße wird dann nicht mehr vorwiegend zu Verkehrszwecken genutzt.«

» Beruhigungstipp

Eine spannende Umfrage hat 2013 der Womo-Verlag (www.womo.de) bei seinen Lesern durchgeführt, deren Ergebnis dich sicher beruhigen wird und dir auf deinen Freistehplätzen ein gutes Gefühl gibt:
Von den insgesamt über 42.000 Übernachtungen der Leser **abseits von Campingplätzen im Ausland** wurde bei der Umfrage **kein einziger Überfall auf ein Wohnmobil** gemeldet.
Nur 48 Urlauber (0,12 %) hatten Diebstähle zu beklagen, die zum weitaus größten Teil auf (vor allem südfranzösischen, südspanischen und norditalienischen) **Autobahnraststätten und auf unbewachten Parkplätzen in Städten** stattfanden.

Frei stehen auf privaten Parkplätzen

Auf den Parkplätzen von Tavernen, Restaurants und Strandbars steht es sich ganz hervorragend - wenn du dir vorher die Erlaubnis dafür geholt hast.
Dafür erwartet der Gastronom (zu Recht), dass du dort zumindest einmal einkehrst.
Auch Hotels, Kfz-Werkstätten, Geschäfte und Tankstellen lassen dich erfahrungsgemäß unkompliziert die Nacht auf ihrem Parkplatz verbringen.

Frei stehen auf Privatgrundstücken

Feldränder, Wiesen oder Brachflächen gehören oft zu einem nahe gelegenen Bauernhof. Wenn du freundlich fragst, werden die Wenigsten gegen deine Übernachtung Einwände erheben.

Frei stehen in der Natur

- **Steuere deinen potenziellen Schlafplatz unbedingt bei Helligkeit an:** Fühlst du dich auf Anhieb geborgen, dann wirst du dich auch in der Nacht wohlfühlen.

- Suche dir (zum Üben) erst einmal nur Plätze, an denen du **in der Nähe von anderen (meist erfahreneren) Campern bist**: Denn sie wissen, was sie tun.

- **Nimm Kontakt mit deinen Nachbarn auf.** Es reicht eine ganz kurze Begrüßung/ Blickkontakt. Damit hast du das gute Gefühl, gesehen worden zu sein, und hast im Zweifelsfall gleich Ansprechpartner oder Hilfe.

- **Nimm dich selbst ernst:** Wenn dir irgendetwas an diesem Platz nicht behagt, mach dich lieber weiter auf die Suche nach einem anderen Schlafplatz.

Deutschland / Peine

Frei stehen an Strand & Ufern

Auch wenn es dich reizt: **Stell dich nicht direkt ans Wasser**, sondern mit gutem Abstand (in den hinteren Teil der Bucht), denn du kannst nicht sicher sein, ob die nächste Flut oder ein starker Regenschauer den lockeren Boden wegspült und du damit fast aussichtslos eingegraben wirst.

Denke außerdem daran, dass auch die einsam wirkenden Buchten zu allen Tageszeiten von Fischern und Wassersportlern angefahren werden. **Stell dich also nicht auf die Zufahrtsstraße bzw. den einzig fahrbaren Weg zum Wasser**, wenn du nicht geweckt oder gar verscheucht werden möchtest.

» Freisteh-Check

- » Auch die anderen Camper möchten eine schöne Aussicht haben: **Verbaue deren Blick bitte nicht.**
- » Die Kollegen stehen deswegen dort, weil sie Ruhe suchen: **Parke also in maximalem Abstand.**
- » **Versuche, dir einen schattigen Platz zu suchen:** Ein kühles Erwachen ist einfach schöner, und auch das Einschlafen ist im nicht voll aufgeheizten Wagen deutlich angenehmer.
- » **Stell dich nicht direkt in die Zweige** eines Baumes oder Busches: Die Käfer und Ameisen haben sonst Komfortzugang zu deinem Auto.
- » **Checke den Boden vor dem Parken**, ob du in einer Ameisenstraße stehst, ob er möglichst eben ist und ob er stabil bzw. rausfahrsicher scheint.
- » **Vermeide Senken:** Schon bei geringem Regen können sich auch kleine, tiefer liegende Stellen oder Gruben in Schlammlöcher und damit in tückische Fallen verwandeln.

» Freisteh-Tipps für Alleinreisende

- » Habe ich Bedenken, ganz allein auf weiter Flur zu stehen, **stelle ich mich einfach in Sichtweite von mindestens einem vertrauenswürdig wirkenden Camperkollegen**.
- » Die anderen Freisteher werden mich sehen und bemerken, dass ich alleine bin – **so habe ich ihre Aufmerksamkeit sicher**.
- » Ist eine abgelegene Stelle meine Wahl, **entscheide ich mich gern recht früh für diesen Platz**, denn dann fühle ich mich bis zur Nacht richtig heimisch.
- » Wenn ich auf Plätzen stehen möchte, an denen tagsüber rechter Rummel herrscht (in Städten, bei Tavernen, an Strandbars), parke ich etwas weiter weg, verbringe den Tag und fahre dann erst später auf den endgültigen Schlafplatz. **Damit möchte ich möglichst wenige Tagesgäste auf mein Alleinsein aufmerksam machen**, was mir einfach ein besseres Gefühl gibt, wenn ich schlafen gehe.
- » Um mich ganz sicher zu fühlen, parke ich stets »fluchtbereit« in Fahrtrichtung, mit allem Equipment verstaut und ohne Hindernisse vor dem Auto. So könnte ich, wenn ich mich tatsächlich mal des nächtens extrem unwohl oder gar bedroht fühle, einfach **aus dem Bett auf den Fahrersitz wechseln und flott das Weite suchen**.
- » Und natürlich **lasse ich mich nicht auf Gespräche mit mir unangenehmen Typen ein**. Ob sie Hintergedanken haben oder nicht: Nur weil ich mir nicht sicher wäre, ob sie mein Alleinsein interessant finden, würde ich die folgende Nacht unentspannt hellhörig bleiben.

> »Entspanne dich.
> Lass das Steuer los.
> Trudle durch die Welt,
> sie ist so schön.«
>
> Kurt Tucholsky

Wohnen

Das Wohnmobil ist ab dem ersten Moment dein neues Zuhause, du hast Sack und Pack dabei, kannst dich völlig unabhängig durch die Welt bewegen – und du wirst erfahren, dass du deinen Alltag in einer ganz neuen, herrlich entspannten Weise erleben kannst.

Alltag leben im Wohnmobil

Dein Camper ist temporär deine Wohnung, und auch hier wirst du keine Heinzelmännchen haben, die dich von den Haushaltspflichten befreien. Im Prinzip ist alles wie zu Hause, nur ein wenig unkomfortabler und ungewohnt – aber entspannt machbar.

» Der wichtigste Alltags-Tipp

Immer alles sofort erledigen: Du weißt nie, wann du wieder eine gute Dusche findest, ob beim nächsten Halt die Spülbecken funktionieren, wo die nächste Möglichkeit zum Schmutzwasser Ablassen oder Tankfüllen besteht, wie lange es dauert, bis du das nächste Mal deine Toilette leeren kannst.

Wenn dir etwas auffällt: Erledige es sofort, dann bist du auf der sicheren Seite – und vor allem immer bereit, dorthin zu fahren, wohin du willst, nicht, wohin du musst! Es nervt, wenn du einen tollen Freistehplatz hättest, aber kein Trinkwasser mehr, oder wenn du nachts in der Stadt landest und bemerkst, dass deine Toilette zu voll zum Benutzen ist.

* Trinkwasser

Vorrat für zwei Tage sollte immer vorhanden sein, denn auf Freistehplätzen kannst du schlecht improvisieren. Rechne mit drei Flaschen pro Person und Tag, die du mindestens im Schrank liegen hast.

* Lebensmittel

Halte immer einen Vorrat für zwei Tage bereit: Frühstück, Mittag und Abend. Falls du plötzlich schön frei stehst, dir aus Versehen das Geld ausgeht (und die Bank geschlossen ist oder der Bankautomat nicht funktioniert) oder du spontan ins Hinterland gerätst, wo es wenige Einkaufsmöglichkeiten gibt, bist du froh, dass du dir darum keine Gedanken machen musst.

* Frischwasser

Du brauchst nicht viel, eigentlich nur zum Gesichtwaschen, Zähneputzen, Kochen und für Kaffee – trotzdem ist es gut, den Tankstand dafür im Blick zu haben und kein Trinkwasser aus Flaschen dafür verbrauchen zu müssen.
Möchtest du die Dusche benutzen oder funktioniert die Toilette über den Wassertank, ist die Füllmenge natürlich noch entscheidender.

* Abwasser

Sobald du neben einer Entsorgungsmöglichkeit stehst: Nutze sie! Es ist wirklich ärgerlich, wenn dein voller Abwassertank wegen des Gewichts unnötig Diesel verbraucht, bei zu langer Lagerung zu stinken beginnt oder du auf dem tollen Freistehplatz wegen eines Entsorgungsproblems früher abreisen musst.

* Müll

Entsorge möglichst oft, spätestens bei jeder Abfahrt vom Campingplatz deinen Müll. Auf der Strecke gibt es sonst relativ wenige (gern gesehene) Möglichkeiten – und stinkender Müll nervt.

* Nasse Wäsche

Nutze jede Gelegenheit, deine nassen Klamotten und Handtücher zu trocknen. Sie bringen unnötig Feuchtigkeit ins Womo und fangen über kurz oder lang zu müffeln an.

✳ Toilette

Leere sie, sobald du eine Servicestation dafür findest. Diese sind nicht so häufig, und es gibt keine Alternative, wenn du frei stehst.

✳ Spulen

Nudelwasser kannst du ins Gebüsch schütten. Das schadet der Umwelt nicht, und du hast damit weniger Abwasser im Tank.

Reinige dein Geschirr möglichst in öffentlichen Spülen. Du verhinderst damit, dass der Abwassertank mit Essensresten verschleimt, und vor allem, dass der Tank zu stinken anfängt. Außerdem musst du dann nicht so oft Frischwasser nachfüllen.

Wenn du im Womo spülst, reibe das Geschirr erst mit Küchenrollenpapier ab, so dass die Speisereste und kleine Milchreste in den Müll gelangen, nicht in den Tank.

Weil du nicht genau wissen kannst, wohin dein Abwasser geleitet wird, wenn du es in den großen Sammeltank abgelassen hast: Benutze ein Öko-Spülmittel.

✳ Waschen

Zum schnellen Durchwaschen der verschwitzten Klamotten kannst du dich entweder im Waschbecken der Sanitäranlagen mit Handwaschmittel betätigen – oder das Shirt/Kleid mit unter die Dusche nehmen: Du sparst Wasser, und Duschzeug reinigt Klamotten genauso wie dich.

Manchmal bemühe ich eine Waschmaschine am Campingplatz zur Generalreinigung. Wichtig ist nur, daran zu denken, dass die Klamotten und Handtücher über Nacht und/oder am nächsten Tag trocknen können, denn so viel nasse Wäsche lässt sich auch im größten Womo nicht hängen.

Meist bekommst du zum Waschmaschinen-Jeton eine Portion Waschmittel dazu. Manchmal wird aber erwartet, dass du eigenes hast, deshalb solltest du dir ein oder zwei Einzelportionen einpacken, außer du möchtest am Campingplatz die (überteuerte) Großpackung kaufen.

Litauen / Kurische Nehrung

Deutschland / Elmritz

✱ Frontscheibe

Die Mischung Meerwind-Sand-Insekten-Straßenstaub hinterlässt deutliche Spuren, so dass du bei jedem Tanken die Frontscheibe putzen solltest.

In einigen Ländern stehen Scheibenputzer an den Ampeln und freuen sich, wenn sie mal nicht abweisend angeschaut oder übersehen, sondern herangewunken werden.

✱ Ordnung

Du musst bedenken, dass deine »Wohnung« dauernd ordentlich durchgeschüttelt wird. Bei jeder Bodenwelle, bei jedem Gefälle und in allen Kurven kann der Inhalt aller Schränke durcheinanderpurzeln (und dabei lautstark scheppern).

Deswegen achte darauf:

» Alle Dinge müssen **stabil und möglichst nahe nebeneinanderstehen**, um sich gegenseitig zu stützen.

» **Türme nichts aufeinander:** Es fällt garantiert um! (Gläser ineinanderzustapeln ist deren sicheres Ende.)

» **Vermeide möglichst zerbrechliche Gegenstände** (Geschirr, Kaffeekannen, Gewürzgläser) und ersetze sie durch (ohnehin leichteren) Kunststoff oder Metall. Technische Geräte verräumst du in **schützende Stoffbeutel, Schaumstoffkisten** o. Ä., Kleinkram (wie z. B. Stifte) in Schachteln.

» **Rutschmatten** (aus dem Bau- oder Supermarkt oder dem Campingladen) gehören in alle Schränke (du musst sie nicht festkleben!). Sie verhindern jegliches Rutschen und dämpfen außerdem das Geklapper.

» Achte beim Beladen der Schränke darauf, dass etwas hinausfallen kann und **dass Schweres (z. B. Bücher) eher unten verstaut wird**.

» Die Schränke und der Kühlschrank müssen **während der Fahrt fest verriegelt sein**, weil sonst der Inhalt bei der ersten Kurve verstreut im Wagen liegt bzw. auf den Köpfen der Mitreisenden landet.

Und generell gilt natürlich, dass dir eine klare Ordnung hilft, den Tag nicht mit Suchen zu verbringen, wenn die Dinge immer am gleichen Ort liegen.

»Freiheit bedeutet nicht,
tun und lassen zu können,
was man will –
sondern nicht tun zu müssen,
was man nicht will.«

Jean-Jacques Rousseau

Planen

Im Prinzip ist alles gut vorbereitet, es bleibt nur noch die Frage: Wo soll es hingehen? In welche Richtung willst du dein Wohnmobil steuern? Die Frage des Ziels kannst du natürlich nur beantworten, wenn du weißt, was du willst – und wenn klar ist, welchen Camper du fährst.

Der Weg ist das Ziel, aber in welcher Richtung?

Wohin willst du? Welche Art von Landschaft oder welches Essen magst du in deinem Urlaub genießen? Und ist dein Wohnmobil für deine Idee geeignet?

Stauraum

- ◯ Dein Camper ist so komfortabel ausgebaut, dass du Platz genug hast, um nasse Klamotten und Regenzeug von allen Mitfahrern zum Trocknen aufzuhängen. » Typ A
- ◯ Du bist in Minimalgröße unterwegs, so dass im Womo eigentlich noch nicht mal Stauraum für warme Anziehsachen ist. » Typ B

Wetter

- ◯ Du magst es, auch mal Zeit drinnen zu verbringen, und es ist dir egal, ob es draußen kühl oder nass ist, weil dein Camper selbstverständlich eine Standheizung hat. » Typ A
- ◯ Für dich gibt es nichts Schöneres, als 24 Stunden draußen zu leben, und wenn es sich z. B. beim Schlafen nicht vermeiden lässt, drinnen zu sein, müssen die Fenster offen stehen können. » Typ B

Temperatur

- ◯ Dein Schlaf ist auf eher kühle Temperaturen gepolt, denn du hast eine dicke Decke, eine gute Matratze und einen recht gut gedämmten Camper. Außerdem lebst du generell lieber im Kühlen. » Typ A
- ◯ Du schwitzt lieber in der Nacht, als dass du morgens bei einstelligen Temperaturen im Auto aufstehen musst, und bist auch sonst eher dünn angezogen. » Typ B

» Wichtig

Wie du bemerkt hast, schreibe ich über Reisen bei Temperaturen von weit über null Grad. Wintercamping ist ganz wunderbar, aber ein Extrakapitel für Profis, denn dafür musst du dich und dein Fahrzeug (besonders in technischer Hinsicht) extrem gut vorbereiten - und das machst du erst, wenn du schon ein paar Reisen hinter dir hast und aus deinem Womo gar nicht mehr aussteigen möchtest.

» Typ A = Wetterfestes Nordlicht

Reisen in den Norden sind super. Du musst nur darauf achten, dass dein Mobil ausreichend genug gedämmt und beheizbar ist, Platz genug für alle hat und dich ein paar Schlechtwettertage nicht aus der Urlaubslaune reißen können.

» Typ B = Südländlischer Sonnengenießer

Urlaub im Süden heißt, dass dein Camper hauptsächlich zum Fahren und nicht zum Wohnen dient. Wichtig ist aber, dass du die Hitze (die sich im schlecht gedämmten Auto staut) als Sommerfeeling genießt und auch im heißen Stadtstau die Nerven behältst.

» Erstcamper-Tipp

Für Camping-Anfänger ist der Süden leichter zu bewerkstelligen, da du mit dem guten Wetter und der permanenten Wärme einige Unannehmlichkeiten umgehen kannst (bei Regen fahren, Platz suchen und auf dem Campingplatz einrichten, nasse Klamotten verstauen, Duschen in der Kälte ...), die dir als »Fortgeschrittenem« eher wie weitere Herausforderungen vorkommen werden.

Albanien / Campingplatz Pa Emer

Was muss mit?

Egal ob gemietet oder gekauft, ob groß oder klein: Du bist fahrzeugtechnisch perfekt ausgerüstet und fragst dich jetzt, was du alles mitnehmen bzw. was du daheim lassen kannst. Besonders das Nichtmitnehmen ist wichtig, da dein Womo ein zulässiges Gesamtgewicht hat, das nicht überschritten werden darf! Achte also auf möglichst leichte Materialien, auf die kleinere Ausführung der Packungen und darauf, ob du im Urlaub nicht doch darauf verzichten kannst.

Die Packliste

* Erstausstattung Nahrungsmittel für etwa vier Tage

Fülle deinen Stauraum nicht randvoll mit Nudeln, Großpackungen, Milch, Fertiggerichten o. Ä., weil du fast überall alles nachkaufen kannst, und nimm dafür deine Lieblingsspeisen mit, die es nur bei dir daheim gibt und ohne die du nicht sein willst.

* Trinkwasser

Bei fast keinem Fahrzeug kann man sich über den Zustand des Wassertanks sicher sein. Es gibt natürlich Säuberungs- und Entkeimungsmittel, um das Wasser bedenkenlos zum Kochen zu benutzen. Aber das Tankwasser in großen Mengen zu trinken würde ich persönlich nicht empfehlen, außer dein Fahrzeug ist neu oder du hast gerade selbst die Grundreinigung durchgeführt. Ich empfehle einen großen Schrank für etwa zehn Wasserflaschen, die du an vertrauenswürdigen Quellen immer wieder auffüllen kannst. (Manche Camper nehmen auch ein Sprudelgerät mit.)

* Gewürze, Salz, Pfeffer, Zucker

Ich habe sie in magnetischen Dosen an die Wand gehängt, um dafür keinen Platz im Schrank zu verbrauchen. Ansonsten werden Gewürze am besten gemeinsam in einer kleinen Box aufbewahrt, damit sie während der Fahrt nicht durch die Schränke purzeln.

* Putzzeug

Schwämme, Geschirrtücher, Küchenrolle, Öko-Spüli und ein Allzweckreiniger.

* Mülltüten

Viele kleine Mülltüten, weil der Müll ja häufig entsorgt wird (wegen des Geruchs und bei jeder Abreise, damit er nicht während der Fahrt aus Versehen umkippt oder ausläuft), plus ein paar große Mülltüten, um nasse Badesachen, gesammeltes Feuerholz oder verschlammtes Spielzeug etc. während der Fahrt verstauen zu können.

* Kleine Saftpresse

In Griechenland und in Italien gibt es Orangen und Zitronen schon ab April!

* **Kaffee & Tee**

  Kaffee- bzw. Espressomaschine und/oder Wasserkessel für den Gasherd, Milchkännchen, Milchschäumer, Kaffee/Tee in umkippsicherer Dose.

* **Geschirr, Besteck, Töpfe, Pfannen**

  Es reicht das absolute Minimum an Ausstattung, weil ja ständig gespült wird (wegen Fliegen/Ameisen und weil bei der Fahrt das Geschirr im Schrank verstaut sein muss). Bitte bedenke, dass alles sehr robust sein muss (z.B. Melamin-Geschirr), weil es teilweise sehr heftig durchgeschüttelt wird. Außerdem kannst du mit den richtigen Materialien auch Gewicht sparen (z.B. mit Alutöpfen).

* **Stab-Feuerzeug (mit Ersatzgas)**

  Sonst bleibt die Küche kalt.

* **Aufbewahrungsdosen**

  Für Essensreste – achte darauf, dass sie in deinen Kühlschrank passen.

* **Nudelsieb, Korkenzieher, Pfannenwender, Messbecher, Soßenlöffel**

  Denk bitte bei jedem einzelnen Teil genau nach: Kannst du es nicht doch zu Hause lassen? Alles nimmt Platz weg, nervt also, wenn es im Urlaub nur dafür sorgt, dass die wirklich benötigten Dinge gesucht werden müssen, und es bedeutet natürlich auch Mehrgewicht, das mit deinem Diesel bewegt werden muss.

* **Handfeger für den Innenraum**

  Getier, Staub, Sand, Dreck gelangen irgendwie immer rein.

* **Medizin gegen See- bzw. Reisekrankheit**

  Einige Kinder werden (wenn sie im Camper hinten sitzen oder auch auf der Fähre) relativ schnell »seekrank«. Mit der rechtzeitigen Einnahme der richtigen Medizin (auch homöopathische Kügelchen können helfen) werden unangenehme Erlebnisse (bei Eltern und Kindern) verhindert.

Estland / Toila

Litauen / Nida

✱ Medikamente

Gegen akuten Schmerz und Durchfall, Kopf- und Ohrenschmerzen und natürlich deine persönlichen Medikamente.

✱ Wundpflege

Wundsalbe und -desinfektion, Sprühpflaster, Verbandszeug, Pflaster.

✱ Salben

Wichtig gegen Insektenstiche, Verstauchungen / Zerrungen und Brandverletzungen / Sonnenbrand.

✱ Muckenschutz

* Autan o. Ä., evtl. auch gegen Zecken
* Mückenspray für den Innenraum
* Evtl. elektrisches Abwehrsystem für die Nacht

✱ Ohrstopsel

Wirklich wichtig! Ich sage nur: schnarchende Platznachbarn, Disco-Musik von der Bucht gegenüber, klappernde Lkw-Kühlungen auf der Fähre, nachtaktive Nachbarbabys, Froschkolonien oder wild gewordene Jugendliche auf Mopeds – dein Womo ist nicht wirklich schallgeschützt!

✱ Toilette

* Papier (evtl. spezielles für die Kassettentoilette aus dem Camping-Bedarf)
* Evtl. Toiletten-Chemie (Mehr dazu auf Seite 225)

✱ Waschmittel

Ein großes Handwaschmittel (z. B. Rei in der Tube) für die Wäsche zwischendurch, dazu ein oder zwei Einzelportionen Maschinen-Waschmittel (zwar wird es an den meisten Plätzen zum Maschinen-Jeton verkauft, aber manchmal benötigt man doch eigenes).

Klamotten

* Das Übliche für jeden, dem Ziel und der Jahreszeit angepasst
* Zwei Sets Badeklamotten (eins ist immer nass, gerade bei Kindern)
* Evtl. Neoprenanzüge für die Kinder (denn sie lassen sich ja doch nicht vom Baden abhalten!)
* Auf jeden Fall etwas Warmes, auch wenn es in den Süden geht: Auf Fähren kann es kühl sein, auch auf Pässen, oder im bergigen Hinterland
* Genügend Hand-, Bade-, Duschtücher

Schuhe

* Schwimmschuhe (zum Schutz vor Seeigeln, karstigen Felsküsten)
* Duschlatschen (gegen unhygienisch wirkende Böden)
* Feste Schuhe zum Wandern (es gibt Schlangen)
* Laufschuhe zum Stadterkunden
* Gemütliche Schuhe zum Autofahren
* Strand-/Campingplatz-Schlappen

Freizeit-Equipment

* Schnorchelzeug und Flossen
* Fahrräder, Roller, Skateboards für die Kinder
* Wasser- und Sandspielzeug für Kinder in der »Geheimniskiste« (Mein Tipp auf Seite 113)
* Schwimmhilfen für Kinder
* Hochbeinige Feuerschale mit Grillrost und Anzündern
* Hängematte
* Sonnensegel (wenn keine Markise vorhanden) mit Stangen und stabilem Befestigungsmaterial (Seile oder Spanngurte, Heringe)
* Musik und Hörspiele für alle

* Technische Ausstattung für das Auto

* Voller Reservekanister (gasdicht, so bleibt der Innenraum geruchlos)
* Abschleppseil oder die (wegen der fehlenden Bremskraftunterstützung des schweren Womos) von vielen Campern propagierte Abschleppstange
* Ersatzrad mit richtigem Luftdruck (plus Wagenheber)
* Starthilfekabel in sehr guter Qualität
* Zwei Rampen / Auffahrkeile (Die Anwendung erkläre ich auf Seite 234)
* Evtl. ein Klappspaten (um dich aus sandigen Untergründen frei zu schaufeln)
* Sonnenschutzblende für die Frontscheibe (verringert die Temperatur im Innenraum)
* Kleiner Kompass am Armaturenbrett
* Landkarten
* Warnwesten für alle
* Warndreieck
* Warntafel für überstehende Ladung (z. B. für den Fahrradhalter)

* Elektro-Geräte

* Stromumwandler (»Power-Converter«) für den Zigarettenanzünder, der während der Fahrt 12 V in 220 V wandelt und damit z. B. den Laptop und alle anderen elektrischen Geräte laden kann
* Für den Notfall: einen geladenen Extra-Akku für das Handy (falls man länger keinen Stromzugang hat)
* Kopfhörer (für die Kinder)
* Evtl. Navigationsgerät
* Fotoapparat
* Alle Strom- und Datenkabel deiner elektrischen Geräte
* Ersatzbatterien bzw. Akkubatterien und Ladegerät
* Leselampe an jedem Bett

✱ Unverzichtbares

* Reisepass (gehört ins Geheimfach)
* Personalausweis (gehört in den Geldbeutel)
* Grüne Versicherungskarte (braucht man an diversen Grenzen)
* Kfz-Schein
* Internationaler Mietvertrag bzw. Mietbescheinigung vom Vermieter (braucht man an diversen Grenzen)
* Bargeld (in kleinen Scheinen, einen Teil davon im Geheimfach)
* EC- und Kreditkarte
* Schutzbrief eines Automobilclubs oder Versicherung

✱ Sehr Wichtiges

* Einige Wäscheklammern und eine lange Schnur (mindestens zehn Meter)
* Zwei Leinen und gute Heringe, um die Markise windfest zu verspannen
* Einen (evtl. faltbaren) Wasserkanister, um den Tank zu füllen, wenn es keinen Schlauch gibt
* Für größere Wassertanks empfiehlt sich Wasserentkeimungsmittel (Die Anwendung beschreibe ich auf Seite 230)
* Eine Kabeltrommel (25, besser 50 Meter) in sehr guter Qualität mit Stecker vom Auto-Außenanschluss zur Kabeltrommel plus einen Steckeradapter (Genaueres erkläre ich auf Seite 236)
* Power-Tape (gewebeverstärktes Universalklebeband) und eine kleine Tube Sekundenkleber, weil man damit quasi alles reparieren kann
* Mindestens eine Taschenlampe (und für Kinder je eine eigene)
* Sonnenbrillen für alle

Albanien / Duërres

Montenegro / Bucht von Kotor

* Reisetagebuch

Für mich hat es sich (gerade mit Kindern) sehr bewährt: das tägliche Buchführen. Es genügt, täglich alle Mitreisenden und sich selbst zu befragen, was am Tag zuvor am schönsten war und was nicht gefallen hat. Daneben werden Eintrittskarten, Quittungen, Fundstücke, Schnipsel und Pflanzen geklebt, und die Kinder (und Eltern) zeichnen dazu.

Vor dem nächsten Eintrag kannst du Platz für die Fotos lassen, die dann daheim eingeklebt werden. Heraus kommt eine wunderschöne Erinnerung! Das funktioniert ganz hervorragend, um die Kinder abzulenken (wenn sie sich bei der Abfahrt nur ungern vom schönen Platz verabschieden) oder um sie auf der Fahrt zu beschäftigen.

* Stabiles A4-Buch
* Eine Plastikhülle für alle gesammelten Erinnerungsstücke (damit du sie bis zum Einkleben nicht verlierst)
* Tesa und Uhu
* Sehr viele gute Buntstifte, Radierer, Spitzer in einer Box (machen weniger Flecken als Filzstifte, die ganz gerne bei Hitze auslaufen)
* Ein paar »Effekt-Glitzer-Stifte«, evtl. Sticker oder ähnlicher Spaß
* Eine Einweg-Unterwasserkamera oder eine eigene Digitalkamera für die Kinder (es ist sehr spannend, was sie aus ihrer Perspektive für fotografierenswert halten!)

* »Geheimniskiste« für Kinder

Als kleine Belohnung für gut durchgestandene Strecken, als Motivationshilfen für lange Fahrten oder bei Quengel-Nerv-Attacken wird die geheime Kiste geöffnet – und zutage kommen:

* Aus- und Weitermalbücher
* Blöcke aus besonders tollem Papier
* Rätselhefte und kleine Knobelspiele
* Besonders gute, schöne Stifte
* Malkasten mit Pinseln
* Neue Spiele für die Familie am Abend
* Lesestoff, Bilderbücher, Comics
* Tauchstäbe, Strand- und Wasserspielzeug, Spritzpistolen
* Musik und Hörspiele (evtl. DVDs für sehr lange Fahrten)

Praktisches

* Windlicht-Kerze oder gemütliche Leuchte für die Abende am Tisch
* Halstuch für den Fahrer (Fahren bei offenem Fenster ist toll, führt aber manchmal zu fiesen Nackenschmerzen)
* Picknickdecke (für rasche Pausen, wenn die Möbel nicht aufgestellt werden sollen)
* Kleiner Rucksack für Wander- oder Stadtausflüge
* Große Einkaufs- und Badetasche
* Ein Stück Rutschmatte für den Tisch. Sehr zu empfehlen, wenn du beispielsweise während der Fahrt mit den Kindern isst, da Dinge (Butterdose, Geschirr) so rutschfest darauf liegen, dass du nicht in jeder leichten Kurve danach hechten musst.
* Outdoor- bzw. »Mobil«-Dusche
* Einige Saughaken (für unvorhergesehene Einsätze)

Sicherheitsverstärkung

Komplette Sicherheit kann dir kein Fahrzeug und keine Ausstattung geben. Eine Alarmanlage schreckt allerdings die meisten Einbrecher ab und gibt dir vielleicht ein sichereres Gefühl. Der beste Schutz kann tatsächlich nur die Wahl des richtigen Platzes sein: Vermeide Autobahnraststätten, begib dich in Städten auf bewachte Parkplätze und orientiere dich bei Freistehplätzen an deinem Bauchgefühl.

* Eine sichtbare Alarmanlage oder eine Blinklicht-Attrappe helfen zur Abschreckung, wenn das Auto unbeobachtet ist.
* Eine eingeschaltete Außenbeleuchtung (wenn vorhanden) kann verhindern, dass das Womo während deiner Abwesenheit interessant ist.
* Eine gute Alarmanlage zur Abschreckung von Räubern ist der täuschend echt klingende »elektronische Wachhund«, den du per Fernsteuerung aktivieren kannst, wenn du dich im Wohnmobil aufhältst.
* Um den Einbruch über die (Bei-)Fahrertüren zu vermeiden, kannst du sie miteinander verbinden und so verhindern, dass sie von außen zu öffnen sind: Du kannst das entweder mit dem vom »Womo-Verlag« (www.womo.de) entwickelten »Knackerschreck« tun, der von außen sehr gut zu sehen ist und damit zugleich abschreckt, oder eine Billigvariante einsetzen: einfach ein sehr stabiles Seil durch beide Türarmlehnen fädeln und beide Enden straff mit einem Karabiner verbinden.

Österreich / Afritz am See

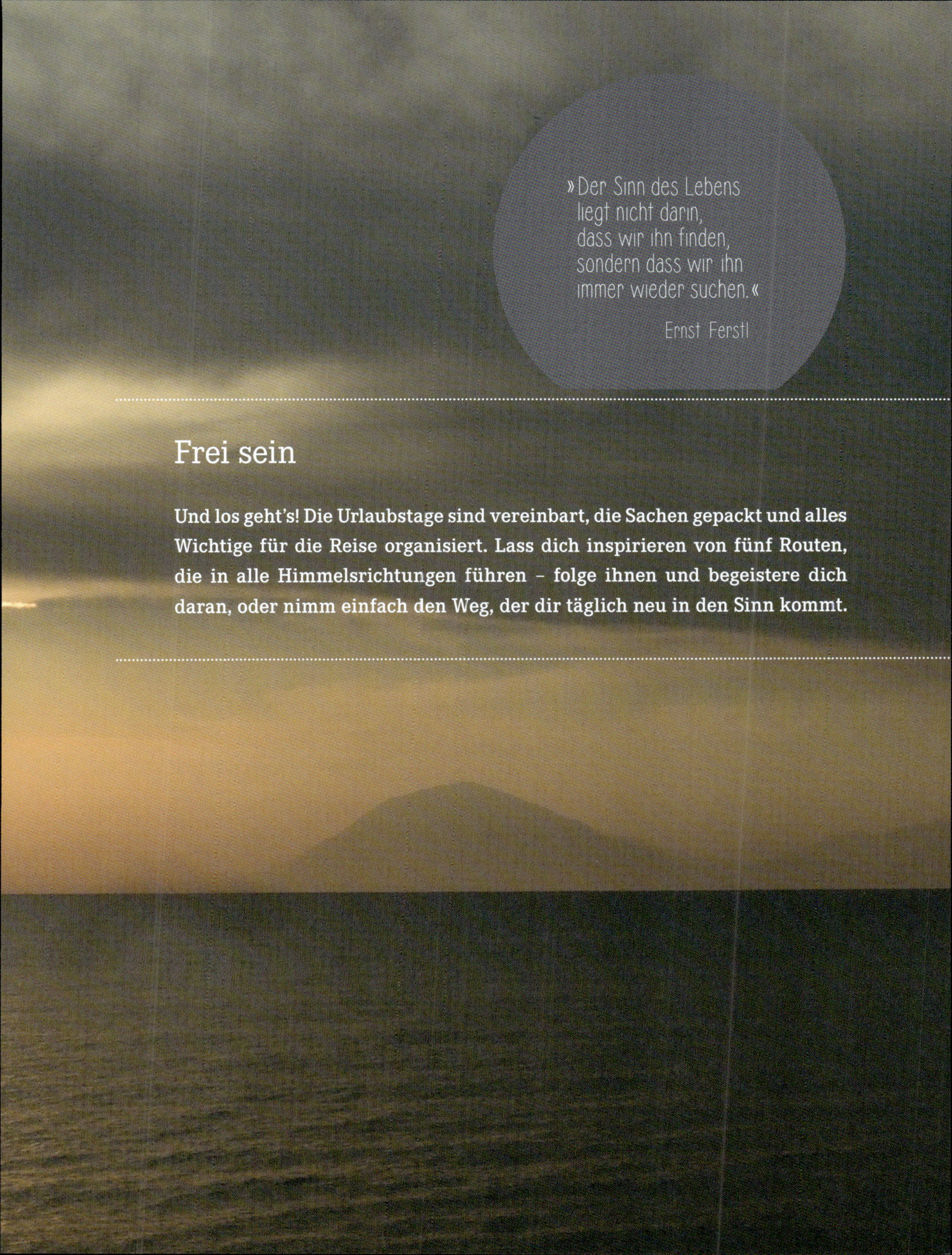

»Der Sinn des Lebens
liegt nicht darin,
dass wir ihn finden,
sondern dass wir ihn
immer wieder suchen.«

Ernst Ferstl

Frei sein

Und los geht's! Die Urlaubstage sind vereinbart, die Sachen gepackt und alles Wichtige für die Reise organisiert. Lass dich inspirieren von fünf Routen, die in alle Himmelsrichtungen führen – folge ihnen und begeistere dich daran, oder nimm einfach den Weg, der dir täglich neu in den Sinn kommt.

Montenegro / Durmitor-Nationalpark

Und los geht's!

Für entschlossene Reisende möchte ich in den folgenden Kapiteln fünf erprobte und wunderbare Routen vorstellen. Die genaue Streckenplanung überlasse ich dir, denn das ist ja ein großer Teil der Urlaubsfreude. Du kannst dich aber ganz entspannt an diesen Grundrouten orientieren, dich treiben lassen und dir selbst die tollsten Plätze suchen.

» Probier es unbedingt mal aus

Lass dich von der Sonne leiten! Es ist ein gutes Gefühl, wenn du dich nicht mit dem starren Blick auf den Bildschirm des Navigationsgeräts orientierst, sondern stattdessen immer wieder den Sonnenstand überprüfst und deinen Instinkt nach der Richtung befragst. Schalte dein Navi aus, und du wirst sehen: Du fühlst dich viel mehr »in der Welt zu Hause« – und du findest immer den (für dich) richtigen Weg!

Vorbereitung

»... und dann wird mir klar
es fehlt immer ein Stück,
doch ich mach mir nichts draus,
setz den Wagen zurück
und bin raus!
Fahr gerade über Land,
es wird gerade mal hell,
spüre Freiheit in mir,
denk das ging aber schnell,
bleibe besser in mir,
denn es gibt kein Zurück
und alles was ich brauch,
ist mein Auto und Glück ...«

»Rückenwind« Thomas D.

Wenn du mit dem eigenen Wohnmobil fährst, dann ist es ein Leichtes, es in Ruhe tagelang vor der Abreise zu bestücken, zu reinigen, vollzutanken (Wasser und Diesel) und technisch alles noch einmal durchzuchecken.

Wenn du es mietest, musst du darauf vertrauen, dass technisch alles in Ordnung ist. In den Tagen, bevor es losgeht, kannst du alle deine persönlichen Dinge in Kisten sammeln und sie – wenn das Auto dann vor der Tür steht – »auf einen Rutsch« ins Womo bringen und sinnvoll verstauen. Nimm dir Zeit zu überlegen, wer wie oft in welchen Schrank greifen will.

Beladung

Dein Wohnmobil hat ein zulässiges Gesamtgewicht, das du in den Fahrzeugpapieren findest. Wenn du es mietest, wird dir der Vermieter genaue Angaben machen können, wie viel Zuladung du dem Womo »gönnen« darfst.
Wenn es dein eigenes Womo ist und dir der Vorbesitzer wegen der evtl. eingebauten »Gimmicks« (Fernseher, Klimaanlage etc.) kein genaues Leergewicht nennen konnte, solltest du das Fahrzeug einmal in unbeladenem Zustand, aber mit dem unverzichtbaren Equipment (Warndreieck, Markisenkurbel, Campingmöbel) und mit leeren Tanks wiegen lassen. **An der nächsten Mülldeponie, einem Kieswerk oder einer TÜV-Station ist das Wiegen (auf nette Nachfrage) problemlos möglich.**

  Zulässiges Gesamtgewicht
- Leergewicht
- Gesamtgewicht der Mitreisenden

= Gewicht der möglichen Zuladung

Um sicherzugehen, dass du dich bei der Zuladung nicht überschätzt hast, ist ein weiterer Abstecher zur Fahrzeugwaage im beladenen Zustand absolut sinnvoll, denn Überladung ist teuer und gefährlich.
Bei der Positionierung deines Gepäcks beachte die physikalischen Kräfte, denn ähnlich einer Wippe reagiert auch die Hinterachse auf die Hebelkräfte: Je weiter du die schweren Lasten von der Radachse entfernt lagerst, desto größer ist die Hebelwirkung. Gleiches gilt für die Höhe: Je höher die schweren Dinge verstaut werden (Sportgeräte in der Dachbox), desto höher liegt der Schwerpunkt des Womos, und desto instabiler wird dessen Straßenlage. Naturgemäß wirst du die schwersten Sachen nicht nach oben wuchten, aber achte insgesamt darauf, die schwereren Lasten (Wasserflaschen, Konserven, Campingmöbel, Bücher) immer eher unten, in der Nähe der Radachsen und gleichmäßig auf beiden Seiten zu verstauen.

Achte außerdem auf den Reifendruck bei Vollbeladung!

Abfahrt

Fahre möglichst antizyklisch los (vor allem mit Kindern):
Entweder packst du die Kinder **sehr früh morgens** noch halb schlafend im Schlafanzug in die Kindersitze und bringst schon mal die ersten Kilometer hinter dich. Während dein Beifahrer dich mit leckeren Häppchen und Kaffee aus der Thermoskanne versorgt, schlummern die Kids langsam in den Morgen hinein – **das erste Frühstück im Camper auf der Autobahnraststätte ist ein fröhliches Vergnügen**!

Oder du bettest die Kids **schon spätabends im Schlafanzug** in die Sitze, erlaubst ihnen einen Film auf dem Laptop (Rutschmatte drunter, wenn er auf dem Tisch steht!) und fährst so lange, bis die Kinder fest schlafen. Entweder hast du vorher einen freien Stellplatz festgelegt, oder du parkst im nächstgelegenen Ort auf einem guten Parkplatz. Vermeide das Parken auf Autobahnrastplätzen. **Das erste Aufwachen unterwegs an einem fremden Ort ist ein großartiger Ferienbeginn.**

» Pausen-Tipp

www.dinzler.de/de/gastronomie/irschenberg

Öffnungszeiten: täglich 7.00–22.00 Uhr

Ich kann mir den Tipp für meinen Lieblingspausenplatz nicht verkneifen: Die »Kaffeerösterei Dinzler« hat **direkt an der Autobahn A8 München–Salzburg am Irschenberg** ein Pausenparadies geschaffen: Neben dem hervorragenden Kaffee gibt es köstliche Frühstücksangebote, sehr leckere Gerichte, hausgemachte Kuchen und Eis und ein wirklich schönes Ambiente (drinnen wie draußen). Sogar die hauseigene Kaffeerösterei (mit Ausstellung zum Thema Kaffee) kann besichtigt werden. Nimm die Ausfahrt »Irschenberg« (also genau dann, wenn sich dein Womo nach der langen Bergfahrt eine Pause redlich verdient hat), lass Autobahnraststätte und McDonald's links liegen, folge der Straße etwa 100 Meter bergab, an der Kreuzung links, den Schildern folgend.

Bergpass-Liebhaber-Tour für 2–3 Wochen

Deutschland -> Schweiz -> Frankreich -> Route des Grandes Alpes -> Italien -> zurück

W

Fahrspaß-Tour für 4–5 Wochen

Deutschland -> Österreich -> Slowenien -> Kroatien -> Montenegro -> Albanien -> Griechenland -> Fähre -> Italien -> Österreich -> zurück

N

Natur-pur-Tour für 3–4 Wochen

Deutschland -> Fähre -> Litauen -> Lettland -> Estland -> Lettland -> Fähre -> Deutschland -> zurück

Abenteurer-Tour für 4–8 Wochen

Deutschland -> Österreich -> Slowenien -> Kroatien -> Serbien -> Bulgarien -> Türkei -> Georgien -> Fähre -> Bulgarien -> zurück

O

S

Easy-Genuss-Tour für 2–3 Wochen

Deutschland -> Österreich -> Italien -> Fähre -> Griechenland -> rund um den Peloponnes -> Fähre -> Italien -> zurück

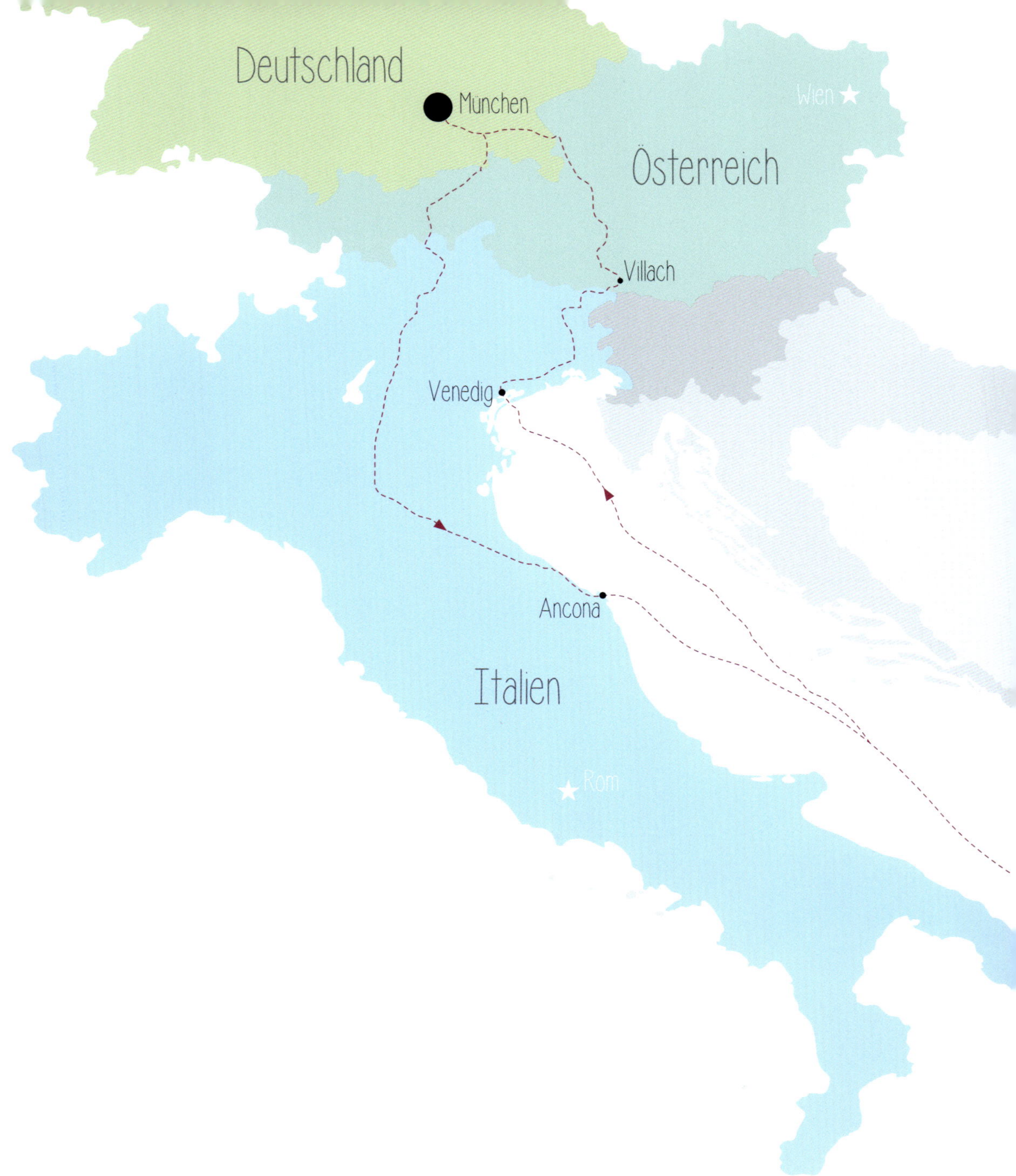

Deutschland
München
Wien
Österreich
Villach
Venedig
Ancona
Italien
Rom

»... und heute bin ich aufgewacht,
Augen aufgemacht,
Sonnenstrahlen im Gesicht,
halte die Welt an:
Auf und davon! ...«

Casper
»Auf und davon«

Easy-Genuss-Tour für 2–3 Wochen

Dies ist mein Vorschlag für eine wunderschöne, völlig entspannte Tour, auf der du zwei sehr gemütliche Fährfahrten, viel südliche Wärme, wohlmeinende Menschen, jeden Tag Frappé am Strand und jede Menge Küstenstraße mit herrlichem Meerblick genießen kannst.

Easy-Genuss-Tour für 2-3 Wochen

» Deutschland -> Österreich -> über den Brenner -> Italien / Ancona -> per Fähre nach Griechenland / Patras -> links abbiegen und rund um den Peloponnes -> Patras -> per Fähre nach Italien / Venedig -> Österreich -> über die Tauernautobahn -> Deutschland

Die allererste Etappe deiner Reise führt komfortabel von München über den **Irschenberg** (Pausen-Tipp siehe Seite 121) -> **Kufstein** -> **Innsbruck** -> **auf den Brenner** -> **über die italienischen Autobahn-Kaffee-Bars** -> **nach Ancona.**

Um dir jeglichen Stress bei der Fährfahrt zu ersparen (vor allem beim ersten Mal), **solltest du schon am späten Nachmittag vor dem Abfahrtstag auf einem der vielen Campingplätze in Anconas Nähe landen**. Die Küste ist voll davon, wobei ich die südlicheren Plätze bevorzuge, weil sie nicht zwischen Autobahn und Schnellbahn eingequetscht liegen. Such dir schon von zu Hause aus entweder einen günstigen aus (du willst ja nur übernachten und duschen) oder einen mit schönem Pool (zur Freude der Kinder).

Am nächsten Morgen kannst du gemütlich ausschlafen, frühstücken und in Ruhe zusammenpacken, um frühzeitig den Hafen anzusteuern.

Du solltest dich laut Fährgesellschaften-Reglement **mit deinem Fahrzeug und den Tickets zwei Stunden vor Abfahrt in die Warteschlange einreihen** – plan also genug Puffer ein.

Der Hafen ist ganz gut beschildert und leicht zu finden, doch es schlängeln sich lange, langsam zu fahrende Wege durch das Industriegebiet, so dass du hier schon allein mit etwa zehn Minuten rechnen kannst.

Wenn du nicht schon vorab Tickets gekauft hast (online oder im Reisebüro), kannst du dir welche am Passagierterminal des Hafens holen. **Du brauchst dafür die Pässe aller Mitreisenden und deinen Fahrzeugschein.**

Achte bei der Buchung unbedingt auf »Camping on board«!

Wenn du im Passagierterminal eingecheckt hast, das Ticket in der Hand und das Zielhafen-Schild hinter der Windschutzscheibe hast, fährst du in das eingezäunte Hafengebiet zu dem Anleger, der dir genannt wurde, und reihst dich ein. Checke anhand deiner Nachbarn, dass du auch richtig stehst, und dann kannst du es dir gemütlich machen.

Meine Tipps zur entspannten Fährfahrt findest du ab Seite 69

Dank deiner Camping-on-board-Option kannst du dich während der Überfahrt selbst versorgen (Kochen ist allerdings offiziell verboten) oder die Restaurants, Bars und Aussichtsplätze an Bord nutzen - so vergeht deine erste Fährfahrt wie im Fluge.

Etwa 22 Stunden später rumpelst du gut ausgeruht und froh in **Patras** von Bord, lässt dich mit den Camperkollegen zum **Ausgang des Hafens** treiben und biegst dort **links auf die Hauptstraße** ab.
Es geht ein Stück quer durch die wimmelige Stadt, durch das Industriegebiet, und dann wählst du die **»Old Mainroad«**. Sie folgt (wie die neue Hauptstraße) der Küste, hat einen nicht ganz so komfortablen Straßenbelag, aber du erreichst auf ihr die Strandcafés und Badeplätze viel besser!

Und jetzt: Lass dich treiben ... folge einfach der Straße, linker Hand immer das Meer ... mach, was du willst ...

Als sehr schönen Zwischenstopp kann ich dir **Nafplio** empfehlen, eine tolle, ruhige Stadt mit der **Festung Palamidi**: ein schöner Spaziergang. Die nahe gelegene **Kultstätte Epidauros mit dem großen Amphitheater** hat mich schwer beeindruckt!

» Campingplatz-Tipp

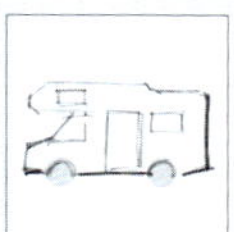

www.tyros-tserfo.gr
Geöffnet: ganzjährig

Einen ersten, wirklich tollen Platz zum Genießen für eine vielleicht längere Pause findest du, wenn du **von Nafplio kommend die Bucht umrundest** nach etwa 50 Kilometern: **Acht Kilometer vor dem Örtchen Tyros** siehst du beim Minidorf **Elliniko** am linken Straßenrand neben einem hellen Flachdachgebäude das Schild **»Camping Tserfos«**. Ein klitzekleiner, extrem sympathischer Platz mit nettem Restaurant und - wenn du Glück hast - einem Platz in erster Reihe direkt am Ufer des tollen Meeres. Perfekt, um in Griechenland und in der Entspannung anzukommen.

Campingplatz Tserfos / Paralia Tirou

Griechenland / Arkadien

Nach der tollen Küste hast du jetzt mal Lust auf Berge und stille Höhe? Das trifft sich gut, denn ein paar Kilometer weiter südlich biegt die Hauptstraße rechts in **Richtung Leonidio** ab, ins Landesinnere. Ihr kannst du ganz entspannt folgen und dich durch das Hinterland führen lassen.

» Abstecher-Tipp

Trau dich: Wenn du die Hauptstraße verlässt, gelangst du (auf kleineren, teils nur geschotterten Straßen) in einsame Gegenden, zu winzigen Dörfern mit tollen Rundumsichten. Orientiere dich einfach am Sonnenstand, um nach Süden zu gelangen, und irgendwann findest du auch wieder eine größere Straße, die dich zur nächsten Stadt führt. Es ist die Stille dort oben in **Arkadien** und die unbebaute Weite, die einen ganz besonderen Reiz hat und entdeckt werden will.

Genieße die **Höhe Arkadiens und Lakoniens**, aber halte deinen Kurs auf **Monemvasia**: eine byzantinische Stadt auf einem Felsen vor der Küste. Ihr Name Monemvasia, »einziger Zugang«, erklärt sich dir, wenn du auf der schmalen Straße hinüberfährst und nur durch eine Art Burgmauer Zutritt erhältst. Leider ist das Städtchen ziemlich touristisch, aber allein der Frappé in einem der Cafés mit ihrer grandiosen Aussicht über die Bucht ist durchaus ein paar Stunden Aufenthalt wert.

Achtung: Rund um Monemvasia habe ich **keinen Campingplatz** gefunden. Du kannst aber in dieser Gegend ganz sicher und in Ruhe an der Küste oder im Landesinneren übernachten.

Beachte dafür aber die Freisteh-Tipps ab Seite 81

Griechenland / Gythio

Irgendwann wird es dich wieder an die Küste ziehen, deren Linie du folgst. Es gibt unendlich viele Buchten, in denen du prima schnorcheln, schwimmen und entspannen kannst, denn sie sind erstaunlich unbebaut und untouristisch. Herrlich!
Auch für Freisteh-Abenteurer ist die **östliche Küste des »Lakonischen Golfs«** (also die Bucht zwischen den beiden »Fingern« Lakoniens, die beiden mittleren Halbinseln der Peloponnes) ein reines Paradies!

Wenn du dann auf dem »Mittelfinger« bist, also den **Hauptort der östlichen Mani, Gythio**, durchfährst, nimm dir Zeit für eines der vielen leckeren Restaurants an der Promenade: genau richtig für einen feinen Frappé oder ein Mittagessen mit Kleinstadtflair.

Lass dich weiter auf der toll ausgebauten Küstenstraße entlangtreiben: Die Mani ist – für den, der das Kartstig-Schlichte liebt – eine reine Augenweide.

» Freisteh-Tipp

Pssst: Ich verrate hier einen meiner absoluten Lieblings-Freistehplätze. Fahre den **östlichen Mani-Finger,** bis du in die **kleine Ortschaft Kokkala** gelangst. Halte die Augen nach einem unscheinbaren Schild zur Taverne am Meer offen. Es gibt nicht nur ungeheuer leckeres Essen (zum Sonnenuntergang und direkt am Wasser), sondern auch einen extrem netten Tavernenwirt, der dich auf Nachfrage auf seinem Parkplatz die Nacht verbringen lässt.

Auch die westliche Mani ist voll von tollen Buchten - allerdings sind Campingplätze eher spärlich gesät, und wenn vorhanden, dann meist ziemlich mau in der Lage und Ausstattung. Dafür aber hast du eine immer noch tolle, komfortable Straße und unzählige spektakuläre Aussichten auf Mani-Gebirge und Meer.

» Campingplatz-Tipp

www.koronicamping.com
Geöffnet: ganzjährig

Langsam wird es mal wieder Zeit, einen ordentlichen Campingplatz anzusteuern um dich und dein Auto aufzufrischen und in Ordnung zu bringen. Nimm Kurs auf **»Camping Koroni«**. Der Ort **Koroni** liegt ziemlich im Süden Messeniens, des westlichsten Fingers des Peloponnes.
Der Platz ist sehr gut ausgeschildert, liegt zwar leider nicht am Meer und auch ohne Aussicht darauf, hat aber einen direkten Zugang über einen schmalen Weg zur eigenen Bucht. Und: perfekte Duschen, eine Waschmaschine, einen tollen Minimarkt, eine sehr nette Bar (sogar mit Frühstücksangebot) und - spitze! - einen großartigen Süßwasserpool. Das tut gut!

Kannst du dich frisch gewaschen, getankt und ausgeruht vom heimeligen Platz losreißen, hältst du dich wie gewohnt auf der Küstenstraße, umrundest den letzten Finger und orientierst dich ab jetzt streng Richtung Norden, um dich so langsam zur Fähre zurückzuarbeiten.

» Campingplatz-Tipp

www.navarino-beach.gr
Geöffnet: April–Oktober

Den tollen **»Camping Navarino«** am freundlich-ruhigen Meer mit riesigem und sanft abfallendem Sandstrand findest du **in der Navarino-Bucht**, etwa sieben Kilometer nördlich der **Stadt Pylos**. Der recht große und schön schattige Platz ist ausgesprochen gepflegt, hat eine sehr gute Taverne, einen großen Minimarkt und ist perfekt für kleine Kinder geeignet.

Griechenland / südlich von Patras

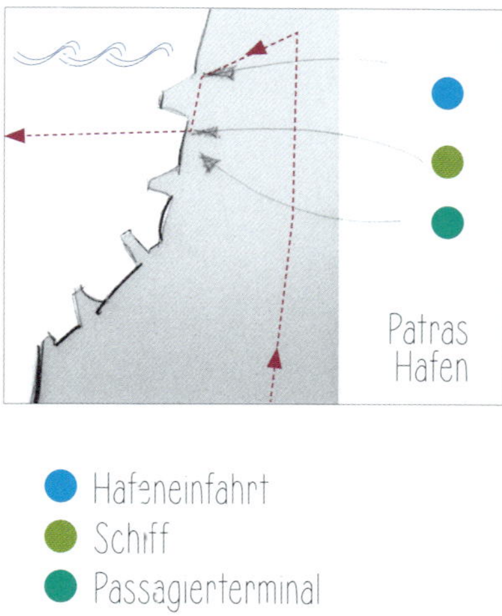

Nach den zwei oder drei Wochen, in denen du den Peloponnes mehr oder weniger umrundet und genossen hast, landest du unweigerlich wieder in **Patras**.
Von Süden kommend, nimmst du von der Autobahn die **Ausfahrt »Patra D«**, steuerst die Küste an und fährst sie dann ein paar Kilometer entlang Richtung Norden. Der Hafen ist recht gut ausgeschildert.

Das Einschiffprozedere kennst du schon aus Ancona, wobei dieser Hafen deutlich kleiner und damit übersichtlicher ist.

So benötigst du hier zwar weniger Zeit für Ticketkauf (Reisebüros auf der Zufahrtsstraße oder im Passagierterminal) und Molefinden, allerdings dauern hier die Grenzkontrollen an der Hafeneinfahrt mit Durchsuchung deines Mobils deutlich länger, bis du dich in die Warteschlange einreihen kannst.

Weil du die Strecke **Ancona -> Deutschland** schon kennst, würde ich an deiner Stelle nun nach **Venedig** buchen, so sparst du dir bekannte Straßen und kannst bei der Heimfahrt noch Neues entdecken.

Einfahrt nach Venedig

Ab jetzt richtest du deinen inneren Kompass wieder gen Norden. In **Venedig** siehst du von Bord aus **direkt neben dem Fähranleger den »Camping Fusina«** (www.campingfusina.com), von dem aus eine direkte Taxiboot-Verbindung in die Stadt besteht. Es ist definitiv kein Superplatz, aber eine gute Möglichkeit, dich wieder in Italien ankommen zu lassen und die Umstellung von griechisch-entspannter Ruhe zu italienisch-hektischem Stadtgewimmel bestmöglich zu verkraften.

Um zurück in die Heimat zu gelangen, fährst du nun **von Venedig -> Udine -> Villach ->** über die wunderschöne, sattgrüne **Tauernautobahn -> Salzburg -> Deutschland.** Übernachtungsplätze findest du ganz leicht entweder bei den ausgeschilderten Campingplätzen, in den netten Städtchen entlang der Strecke oder überall in der nahe gelegenen Umgebung – **du hast ja jetzt auch schon genug Praxis gesammelt und ein feines Näschen entwickelt**!

Deutschland
München
Österreich
Villach
Cortina d'Ampezzo
Bovec
Bohinj-See
Slowenien
Lubljana
Belluno
Zagreb
Kroatien
Venedig
Rupa
Brestova
Mali Lošinj
Bosnien-
Herzegowina
Zadar
Sarajevo
Trsa
Plužine
Montenegro
Italien
Dubrovnik
Podgorica
Sukobin
Barbullush
Tirana
Albanien
Vlorë
Livadh
Qafe Bote
Igoumenitsa

»... es gibt nichts zu verbessern,
nichts, was noch besser wär,
außer dir im Jetzt und Hier
und dem Tag am Meer ...«

Die fantastischen Vier
»Tag am Meer«

Fahrspaß-Tour für 4–5 Wochen

Auf dieser Tour wirst du viel auf der Straße sein: etwa 3000 Kilometer durch acht Länder und über traumhafte Berg-, Pass- und Küstenstraßen – aber du wirst dabei Zeit genug haben, um mit allen Sinnen zu genießen und stehen zu bleiben, wo und solange es dir gefällt.

Fahrspaß-Tour für 4-5 Wochen

» Deutschland -> Österreich -> über die Tauernautobahn -> über den Wurzenpass -> Slowenien -> an der Soca entlang -> Kroatien -> über die Insel Cres -> per Fähre von Mali Lošinj nach Zadar -> Montenegro -> Albanien -> Griechenland -> Igoumenitsa -> per Fähre nach Venedig / Italien -> Südtirol -> Brenner -> Österreich -> Deutschland

Deine Tour beginnt auf der **Autobahn A8** und führt **über den Irschenberg** (Pausen-Tipp siehe Seite 121) -> **Rosenheim** -> **Österreich** -> **Salzburg** -> **über die Tauernautobahn** -> **bis in die Nähe von Villach**. Hier suchst du dir aus dem großen Campingplatz-Angebot in der Gegend (z. B. an einem der Seen) einen feinen Übernachtungsplatz aus, denn die nächste Etappe, den herrlich-steil-kurvig-schönen **Wurzenpass,** solltest du unbedingt nur gut ausgeruht in Angriff nehmen.

Südlich von Villach findest du den Pass ausgeschildert. Prüfe noch einmal, ob du genügend Benzin hast und ob du diese sehr anspruchsvolle Fahrt wirklich machen willst.
(Alternativ umfährst du den Wurzenpass über **Italien** -> **Tarviso** -> und wählst den sehr viel harmloseren und trotzdem schönen **Predil-Pass** -> **Slowenien** -> **Bovec** -> wo du wie diese Route auf den **Fluss Soca** triffst.)

Es ist schon etwas anstrengend, aber die märchenhafte Gebirgswelt wird dich begeistern und dich beim Lenkradkurbeln unterstützen. Lass die Kühlertemperatur nicht aus den Augen und gönn dir, deinem Mobil und deinen Bremsen viele Pausen.
Das Fahrvergnügen auf Pässen beschreibe ich genauer auch auf Seite 67

Für einen herrlich kalten Badestopp hat sich der kleine **Jasna-See** im dichten Wald für dich platziert: ein perfekter Ort, um ein Picknick zu machen oder dir die Füße zu vertreten, bevor es wieder abwärts geht.

Slowenien / Jasna-See

Nach vielen Kurven und Serpentinen erreichst du glücklich die strahlend türkise **Soca** und kannst zur Belohnung in eine der traumhaft klaren Flussgumpen springen! Ab jetzt kannst du eine ganze Weile einfach ganz gemächlich dem wunderschönen **Lauf der Soca Richtung Süden folgen**.

» Campingplatz-Tipp

http://ger.kajakkamptoni.com

Geöffnet: ganzjährig

Wenn du vom Wurzen- oder dem Predilpass (zu Recht!) etwas geschafft bist und nur noch eine Dusche suchst: Weil sich in dieser Gegend das slowenische Wildwasser-Kajak-Eldorado befindet, gibt es in der Gegend **rund um Bovec** einige tolle Wiesen-Campingplätze, wie beispielsweise das nette und sehr gepflegte **»Kajak Kamp Toni«** das direkt an der Mündung des Flusses Koritnica in die Soca liegt.

(In Bovec kannst du übrigens auch spontan grandiose Kajakkurse und Raftingtouren buchen!)

» Abstecher-Tipp

www.camp-bohinj.si
Geöffnet: Mai–September

Stark beeindruckt hat mich die Fahrt durch den **Nationalpark Triglav**. Wenn du also noch nicht genug von dichtem Wald, massenhaft Grün und winzigen Straßen hast, dann fahre ab Bovec zum traumhaften **Bohinj-See**. Am südwestlichen Ufer direkt am See findest du unter hohen Bäumen den wunderbar-wild-schönen **Campingplatz »Camp Zlatorog Bohinj«**. Hier lässt es sich hervorragend ein paar Tage am, auf und im Wasser verbringen, es locken superschöne Spaziergänge rund um den See und in die nahen Berge, und auch den Abstecher zum spektakulären **Wasserfall Savica** solltest du dir nicht entgehen lassen!

Du folgst im Prinzip also **immer dem Flussbett der Soca**, bis sich **kurz vor Tolmin** die Straße gabelt. Hier wählst du die **Abzweigung nach rechts**, denn mit dieser gelangst du (nach kurzem Aus-den-Augen-Verlieren) wieder an die inzwischen sehr behäbig gewordene Soca. Fahr weiter auf dieser Straße, bis du in **Šempeter pri Gorici** auf die Autobahn triffst, der du immer **Richtung Lubljana** (nicht Richtung Italien) folgst. In **Postojna** verlässt du die Autobahn und hältst dich auf der Landstraße bis **Rupa, dem Grenzübertritt nach Kroatien**.

Es geht **weiter Richtung Süden, bis zur Küste**. Hier angekommen, biegst du rechts nach Westen ab und bleibst auf der Küstenstraße, bis diese dann in **Brestova** steil abfällt und an einem **minikleinen Fähranleger** endet.

Am Kassenhäuschen (am Ende der Straße) bekommst du ein Ticket für das nächste **Schiff auf die Insel Cres** und kannst die Wartezeit (die Fähre fährt stündlich) mit einem ersten Meeresblick-Kaffee genießen oder direkt neben dem Anleger ins sanfte Meer springen.

Die Fährfahrt rüber nach **Porozina** dauert keine halbe Stunde und entlässt dich auf eine ausgesprochen schöne **Straße entlang des Bergkamms** der Insel Cres mit fantastischer Weitsicht auf die benachbarten Inseln Krk, Rab und Pag. Folge dieser Strecke, solange du möchtest, immer Richtung Süden, **Richtung Mali Lošinj**.

» Campingplatz-Tipp

Schöne, kleine und sehr gepflegte Campingplätze kannst du auf Cres u. a. hier finden:

»Camp Bijar« in Osor direkt neben der Drehbrücke nahe dem sehr netten winzigen Dorf Osor (das dich mit guten Restaurants lockt).

»Camp Baldarin« in Punta Kriza (Foto oben) am Ende der Straße, die von Osor in eine kleine Bucht im lauschigen Pinienwäldchen führt. Er wirbt als FKK-Camp, hat aber ein riesiges Areal und eigenen Strand für »Textile«.

www.camp-bijar.com
www.camp-baldarin.com
Geöffnet: Ende April–September

Ganz am südlichen Ende der Insel, im Touristenort **Mali Lošinj**, kannst du bei der **»Jadrolinija«-Fährgesellschaft** ein **Ticket nach Zadar** kaufen (das kleine Büro findest du am Beginn der Uferpromenade). Diese Fähre verkehrt in der Hauptsaison täglich am späten Nachmittag, in der Nebensaison ist es sinnvoll, wenn du dich vorab erkundigst (www.jadrolinija.hr).
Nach der entspannten Fährfahrt vorbei an den vorgelagerten Inseln wirst du gegen **23 Uhr in Zadar eintreffen**. Nun kannst du dich erst einmal auf dem nächstgelegenen Stellplatz zum Schlafen einrichten.
Über das Freistehen in Städten bzw Marinas schreibe ich auf Seite 82

» Freisteh-Tipp

www.marinazadar.com
Geöffnet: ganzjährig

Die Fähre legt in Zadars schmalem Hafenbecken an. Halte dich nach der Abfahrt von Bord so, dass du das Wasser auf deiner Linken hast, und umrunde das Becken, der Hauptstraße folgend.

Nach ein paar Minuten (etwa zwei Kilometer) liegt zu deiner Linken eine **Marina** (das ist der Liegeplatz der kleineren Yachten). Zieh dir an der Schranke ein Ticket, begrüße die anderen Camper auf dem obersten Parkdeck und schlaf gut.

Zadar ist ein sehr sympathisches Städtchen mit guten Parkmöglichkeiten in Zentrumsnähe und sehr schönen Frühstückscafés! Pflicht ist übrigens auch der üppige Markt, der bis mittags inmitten der Altstadt auf dich wartet.

Deine Weiterfahrt gestaltet sich jetzt einfach: Folge der sagenhaft schönen Küstenstraße in deinem Reisetempo! Du fährst und fährst … **entlang der kroatischen Küste -> Split -> ein paar Kilometer durch Bosnien-Herzegowina -> Dubrovnik**.

» Abstecher-Tipp

Kroatien hat zwei große, berühmte Nationalparks, deren Natur dich umhauen wird. Der kleinere von beiden, der **Krka-Nationalpark,** liegt näher an der vorgeschlagenen Route, so dass du einen entspannten Abstecher dorthin unternehmen solltest.

Du biegst bei **Sibenik** ins Landesinnere ab und hältst dich an die **Beschilderung Richtung Nationalpark**, bis du zum Städtchen **Skradin** gelangst. Hier kannst du parken und ein Ausflugsschiff nehmen (fährt etwa stündlich), das dich kostenlos zum Eingang des Nationalparks schippert. Für einen (recht stattlichen) Eintritt kannst du den ganzen Tag auf den ausgesprochen gepflegten Holzpfaden (mit guten Einkehrmöglichkeiten) durch teilweise urwaldähnliche Wälder spazieren, dir den sensationellen Skradinski-Wasserfall in seiner ganzen Pracht ansehen oder die Reste der alten Bebauung mit originalen Einrichtungsgegenständen betrachten.

» Campingplatz-Tipp

www.camp-marina.hr
Geöffnet: April–Oktober

Schlicht und ergreifend, aber freundlich und sauber: Für die Übernachtung, bevor du dich zum Nationalpark aufmachst, ist das **»Camp Marina«** perfekt geeignet. Du findest diesen Platz ganz leicht auf der Landstraße von **Sibenik nach Skradin**. Die Platzbetreiberfamilie bietet geführte Bustouren durch den Park oder organisiert dir ein Taxi zum Haupteingang.

Kroatien / Krka-Nationalpark

In Dubrovnik angelangt, entscheidest du, ob du dich weiter auf der Küstenstraße bis zum **Grenzübergang Sukobin nach Albanien** tasten willst oder ob du vorher einen Abstecher ins montenegrinische Landesinnere machen möchtest:

» Abstecher-Tipp

Wirklich herrlich zu fahren und vor allem auch zu bestaunen ist der **Durmitor-Nationalpark in Montenegro**. Du kannst, nachdem du dir die **Bucht von Kotor** angesehen und dich über Nacht ausgeruht hast (hier findest du einige private Wiesenplätze und einen eher mäßigen Campingplatz), **in nördliche Richtung -> Nikšić -> Plužine** fahren, dort auf die kleine Straße abbiegen und **über Trsa ->** quer durch die grandiose **Hochebene des Parks** cruisen (und entspannt oben in den Bergen am Straßenrand übernachten) -> bis du dich in **Podgorica** für die **Küste oder den Skodaër-See** entscheidest.
Eine wirklich traumhafte Gegend, für die sich dieser Abstecher mehr als lohnt – allerdings würde ich diese Bergstrecke **nicht für große Mobile** empfehlen!

Montenegro / Südufer des Shkodër-Sees

Du kommst nun entweder von der Küste oder nach dem Abstecher aus Richtung Podgorica und solltest nun **Virparzar** ansteuern, denn von hier geht es weiter.

Eine der spektakulärsten Straßen meiner Reisen ist die Strecke **entlang des Südufers am Shkodër-See**. Um diese zu genießen, solltest du dich wieder nur ausgeruht auf den Weg machen, denn auch sie ist aufregend zu fahren. Die Piste bleibt den gesamten See entlang einspurig, was - auch wenn Gegenverkehr nur sporadisch auftritt - deine volle Reaktionsfähigkeit und Kaltblütigkeit erfordert. Du fährst auf der Bergseite und hast damit die etwas coolere Position, was aber bedeutet, dass du höflicherweise derjenige bist, der öfter rückwärts zur nächsten breiten Stelle ausweichen muss. Lass dir einfach Zeit und bleib gelassen!

Montenegro / Shkodër-See

Die Straße führt dich direkt zum **montenegrinisch-albanischen Grenzübergang Sukobin**. Rechne mit einiger Wartezeit, die Zöllner sind ausgesprochen gewissenhaft. Nach der anstrengenden Uferstraße bist du bereit für eine erholsame Pause an einem überraschend schönen Campingplatz mitten im albanischen Nirgendwo:

» Campingplatz-Tipp

www.camping-albania.eu
Geöffnet: Mitte März–Okt.

Ein paar Kilometer nach dem Grenzübergang gelangst du in die Stadt **Shkodër**, biegst **nach der Flussbrücke rechts** ab und hältst dich dann etwa 16 Kilometer in südlicher Richtung bis zum **Örtchen Barbullush** – der Campingplatz ist einigermaßen gut ausgeschildert.
Die holländische Familie Wesselingh hat mit ihrem **»Camping Albania«** ein hübsches Kleinod geschaffen: großzügiger Wiesenplatz mit frei laufenden Hühnern, tollen Sanitärräumen, schön gepflegt und mit allem Komfort, einem grandiosen Restaurant und – last, but not least – einem feinen Pool mit Blick auf die Berge. Herrlich, um im »wilden« Albanien anzukommen.

Wenn du wieder ausgeruht und bereit für neue Eindrücke bist, mach dich auf: **immer weiter Richtung Süden** - es gibt viel zu sehen.

Du kannst dich entscheiden, ob dir der Sinn mehr nach Stadtbesichtigung in Tirana steht oder ob du dich lieber weiter in Richtung Küste bewegen möchtest. Dann biege **in Fushë-Kruje nach Durrës** ab. Auch wenn du nicht ganz nah an der Küste entlangfahren kannst, hast du von dieser Straße aus immer die Möglichkeit, die kleinen Stichstraßen zum Meer zu nehmen und dir einen hübschen Platz zu suchen.

» Campingplatz-Tipp

www.kampingpaemer.com
Geöffnet: ganzjährig

Als nächsten schönen Ruhe- und Pausenplatz kann ich dir **»Kamping Pa Emer«** ans Herz legen: ein gepflegter terrassierter Platz direkt am flachen Sandstrand (ideal für Kinder!) mit einer feinen künstlichen Insel im Meer. Fahr durch die Großstadt **Durrës**, bleib auf der Hauptstraße (= Autobahn) und halte die Augen auf! Etwa 12 Kilometer nach Stadtende, bevor du eine große Brücke über die Autobahn siehst, geht eine winzige Abzweigung (keine Ausfahrt, siehe Foto) von der Straße ab. Folge ihr kurz parallel zur Autobahn, biege rechts auf die Straße ab, die von der Brücke kommt, und halte Ausschau nach »Kamping«-Schildern. Grundsätzlich hältst du dich **Richtung Karpen**, den angrenzenden Ort: Keine Sorge, der Campingplatz will gefunden werden!

Albanien / Kamping Pa Emer

Albanien / Llogara-Pass

Lass dich weiter südlich treiben und achte auf viele Pausen, denn nach der mondänen Stadt **Vlorë** (in deren Strandcafés es sich prächtig Kaffee trinken und über die »Verwestlichung« der albanischen Jugend staunen lässt) musst du dein Womo (wieder) ganz schön heftig fordern.

Wenn du deine Tour weiter an der Küste entlangführen lassen möchtest, musst du den recht anstrengenden **Llogara-Pass** meistern, der die einzige Verbindung zur Weiterfahrt an der Südküste darstellt. Die Straße ist seit wenigen Jahren perfekt asphaltiert und entspannt zweispurig, so dass es dir keine Probleme bereiten wird, den Pass zu »bezwingen«. Bleib oft stehen, genieße trotz massiver Steigungen und unendlich vielen Kurven die tollen Aussichten, die häufig anzutreffenden kleinen Restaurants (meist mit Verkaufsständen des sehr leckeren, harzig-herben Honigs) und vor allem den himmlisch duftenden Pinienwald des **Llogara-Parks**.

» Campingplatz-Tipp

www.camping-kranea.com
Geöffnet: ganzjährig

Absolut unspektakulär und mit null Komfort, aber genau das Richtige, wenn du dich nach dem Pass nach einer Pause sehnst: Im kleinen **Küstenort Livadh** (kurz vor Himarë) befinden sich drei Campingplätze fast direkt am Meer. Alle sind (noch) rudimentär ausgestattet, werden aber sicher in Zukunft von dem schönen feinkiesigen Strand profitieren. **»Moskat Camping«** wurde erst kürzlich von einer sympathischen Familie eröffnet, die ihre Gäste noch mit Handschlag, Lächeln und einem kleinen Geschenk aus dem Garten begrüßt, **»Kranea Camping«** liegt ein paar Meter weiter den Strand entlang.

Du folgst weiter der albanischen Küstenstraße, entscheidest dich in **Sarandë** für die küstennähere Straße und gelangst nach **Ksamil**. Touristisch voll erschlossen, findest du hier viele gute Campingplätze, Strandbars und haufenweise Liegestühle im Sonnenuntergang!

Bei **Butrint** wirst du mit deinem Wohnmobil mit einer kleinen, abenteuerlichen Seilfähre über die Bucht gebracht (Fahrpreis ist verhandelbar), bis du kurz darauf über die **Grenze Qafë Botë nach Griechenland** wechselst.

Dein von hier aus nicht weit entferntes Etappenziel (nach ein paar sehr hübschen Freisteh-Buchten, die sich hervorragend zum Übernachten eignen) heißt **Igoumenitsa**: Von hier aus wird dich die Fähre zurück nach Italien bringen (wenn du nicht noch Zeit für eine Tour durch Griechenland hast).

Der **kleine Fährhafen von Igoumenitsa** ist ganz leicht zu finden: Fahr einfach die Hauptstraße an der Promenade entlang durch die Stadt (übrigens liegt eine überraschend nette Fußgängerzone parallel zur Hauptstraße) und kauf in einem der Reisebüros linker Hand dein Ticket. Ganz **am Ende der Straße** findest du das große Einfahrtstor, checkst dort mit Ticket ein und gesellst dich in die Warteschlange.

Griechenland / Igoumenitsa

» Freisteh-Tipps

www.nautiloscamping.gr
Geöffnet: April–Oktober

Manche Fähren legen sehr früh morgens (6.30 Uhr) ab, und **du musst mindestens eine Stunde vorher im Hafen sein**, so dass du dich um einen sehr nahen Schlafplatz bemühen solltest:
Entweder du wählst den komfortablen Platz **»Camping Nautilus« nur 14 Kilometer südlich der Stadt**.
Oder du übernachtest **direkt am Hafen** auf einem der Parkplätze (außerhalb des eingezäunten Bereichs), denn **man kann den Abend gut in einer der Straßenbars an der Uferpromenade verbringen**. Am besten suchst du dir schon vor dem langen Feierabend andere Womos mit derselben Idee, in deren Nähe du nächtigen willst.
Oder um noch **den Sonnenuntergang am Strand zu genießen** und dann einfach nur ein paar Stunden zu schlafen, bietet sich der **Pinienhain** an: Folge der Straße um Igoumenitsas Bucht in nördlicher Richtung und fahre an einem großen Strandbar-Areal vorbei. Fast am Ende der Straße kannst du zwischen einigen wenigen Camper-Kollegen unter Pinien direkt am feinen Sandstrand eine ruhige Nacht verbringen.

Hast du dich von Griechenland (und dem Süden) verabschiedet und die **Fährfahrt** entspannt hinter dich gebracht (Tipps zum entspannten Fähren-Fahren kannst du auf Seite 69 lesen), wirst du nach etwa 24 Stunden in **Venedigs Lagune** einfahren und schon von Bord aus (fast neben dem Fähranleger) den **»Camping Fusina«** (www.camping-fusina.com) sehen.
Wenn du jetzt, nach langer Zeit fern von Menschenansammlungen, Lust auf italienisch-hektisches Stadtleben verspürst, parke auf diesem Platz und nutze die direkte Taxiboot-Verbindung nach Venedig. Vielleicht bist du auch ganz froh, wieder eine recht gut ausgestattete Servicestation nutzen zu können, bevor du dich wieder in den Norden begibst.

Spätestens jetzt richtest du deinen inneren Kompass um 180 Grad wieder in die andere Richtung aus und hältst dich **geradewegs nach Norden**.
Auf dem letzten Streckenabschnitt darfst du noch einmal Natur vom Allerfeinsten genießen: **Treviso -> Belluno -> Cortina d'Ampezzo -> Brixen -> Brenner -> Innsbruck -> Deutschland**.

Stell-, Park- und Campingplätze wirst du ohne Probleme überall finden: Sie sind reich gesät, sehr gut ausgeschildert, und **in den vergangenen Wochen wirst du gelernt haben, den für dich perfekten Übernachtungsplatz schon von weitem zu erahnen** ...

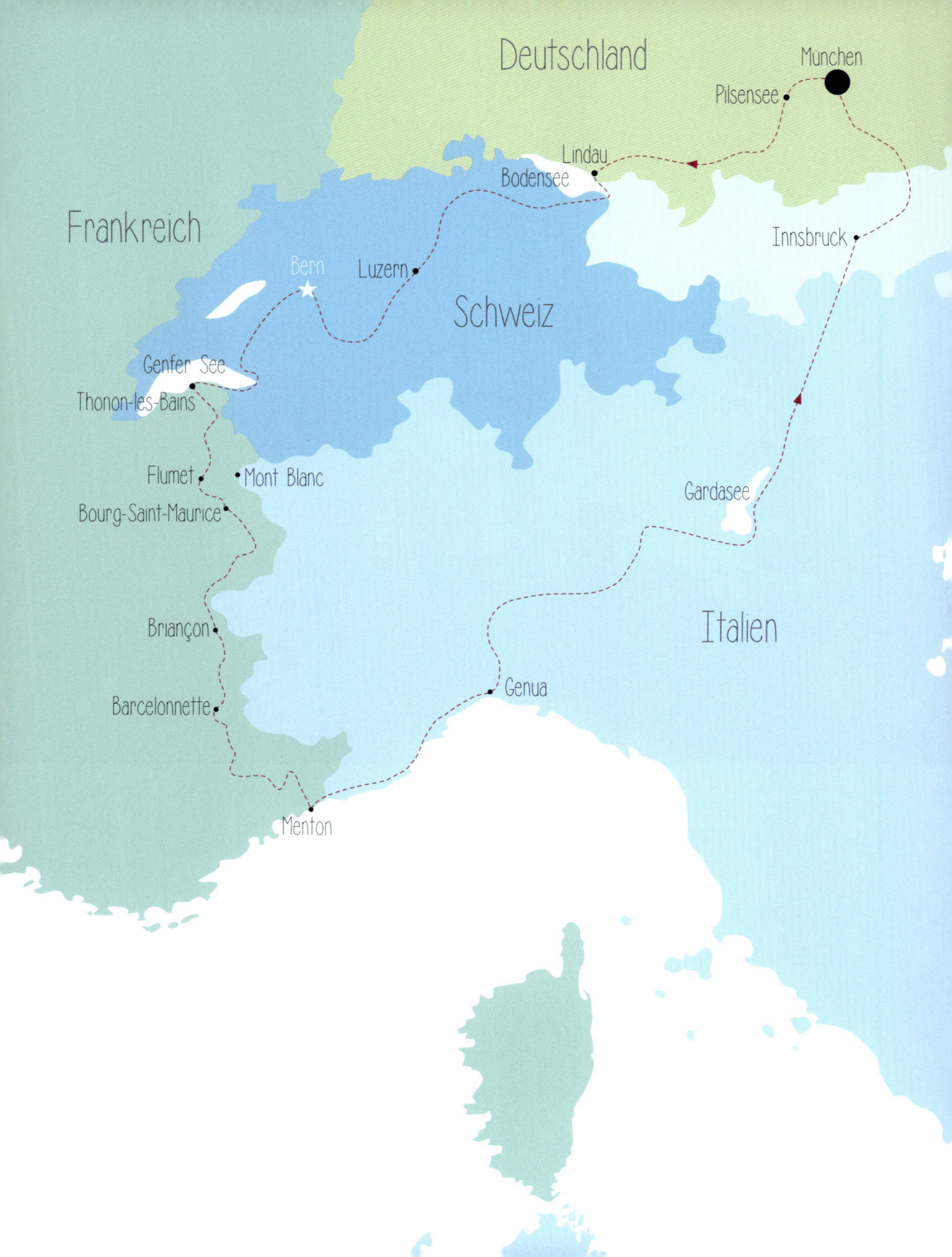
Deutschland
München
Pilsensee
Lindau
Bodensee
Frankreich
Bern
Luzern
Schweiz
Innsbruck
Genfer See
Thonon-les-Bains
Flumet
Mont Blanc
Bourg-Saint-Maurice
Gardasee
Briançon
Italien
Genua
Barcelonnette
Menton

Österreich

»Glück ist der Zustand
des still lachenden
Eins-Seins mit der Welt.«

Hermann Hesse

Bergpass-Liebhaber-Tour für 2–3 Wochen

Wenn du ein Liebhaber von hoch gelegenen Passstraßen und vollendetem Bergpanorama bist, solltest du diese »Route des Grandes Alpes« genießen, denn sie führt dich in Hunderten Kurven und Kehren quer über die Alpen zum Mittelmeer und gemächlich durch Italien wieder zurück.

★ Rom

Bergpass-Liebhaber-Tour für 2-3 Wochen

» Deutschland -> Pilsensee -> Bodensee -> Schweiz -> Frankreich -> Route des Grandes Alpes -> Côte d'Azur -> Italien -> Österreich -> Deutschland

Wenn du nachmittags München erreichst (oder aus München startest), orientiere dich erst einmal **nach Westen** und fahre auf die **Autobahn A96 Richtung Lindau**. Nach etwa einer halben Stunde Fahrzeit (gerechnet ab Stadtgrenze) kannst du schon einen schönen **ersten Campingplatz finden**, der dich in Urlaubsstimmung kommen lässt. Hier kannst du gut im Biergarten essen, in gepflegten Sanitärräumen duschen und dein Wohnmobil auf Reisestatus bringen, bevor es am nächsten Morgen ausgeruht richtig losgeht.

» Campingplatz-Tipp

www.camping-pilsensee.de

Geöffnet: ganzjährig

Nimm von der **Lindauer Autobahn** etwa 30 Kilometer westlich von München die **Ausfahrt »Oberpfaffenhofen«** und halte dich Richtung **Wessling**, dann **Herrsching am Ammersee**. Unterhalb des Ortes **Seefeld** stößt du fast automatisch auf den sehr gut ausgeschilderten **»Campingplatz Pilsensee«**. (Die Schranke ist 12.30-14.00 Uhr und ab 22.00 Uhr geschlossen.)

Wenn du es nicht unbedingt eilig hast, dann kehre nicht zurück zur Autobahn, sondern wähle die Strecke auf kleineren Straßen durch das traumhafte **Oberbayern** und das wunderschöne **Allgäu**.
Halte dich nach dem Pilsensee in **südlicher Richtung -> Weilheim -> Schongau -> Kempten** (alles Städte, die dich zum Kaffee- oder Mittagessen-Stopp einladen), bis du in **Lindau an den Bodensee** gelangst. Hier ist es so schön und es gibt so viele Freizeitangebote, dass ein erster Stopp für mehr als eine Nacht durchaus sinnvoll ist.

Deutschland / Bodensee / Lindau

» Campingplatz-Tipp

www.park-camping.de
Geöffnet: Mitte März–Okt.

Direkt am bayerischen Bodenseeufer in Lindau liegt der sehr hübsche **»Park-Camping Lindau am See«**. Hier kannst du für eine Nacht oder vielleicht auch gleich mehrere Nächte bleiben. Es gibt einen eigenen Zugang zum See, eine Menge Freizeitangebote am Platz und natürlich tolle Unternehmungsmöglichkeiten in der Umgebung.

Frisch und fröhlich machst du dich auf den Weg über das **Südufer des Bodensees** durch **Österreich** und weiter in die **Schweiz**. Hier durchfährst du geradewegs **St. Gallen, Zürich und Bern**, wenn du nicht den vielen Verlockungen auf der Strecke zu Abstechern für Wanderungen folgen möchtest.
Campingplätze findest du sehr viele, und alle sind gut ausgeschildert oder in entsprechenden Führern zu finden.
Dein Etappenziel sollte der **Genfer See** sein, von dem aus der Einstieg in die **Route des Grandes Alpes** nur ausgeruht zu empfehlen ist. (Genussvolles Fahren auf Bergpassen siehe Seite 67)

Schweiz / Genfer See

Auch rund um den Genfer See gibt es einige nette Campingplätze, die du ansteuern kannst. Am Südufer liegt, als klassischer Startpunkt für die anvisierte Route, das Städtchen **Thonon-les-Bains**, in dem du einen sehr hübschen Campingplatz findest, um dich und dein Fahrzeug für die Bergpässe startklar zu machen:

» Campingplatz-Tipp

www.disdille.com
Geöffnet: April–September

Der perfekt ausgestattete und gepflegte **»Campingplatz Saint-Disdille«** befindet sich direkt am Genfer See. Folge der großen Uferstraße (D1005), und nach dem Städtchen **Evian-les-Bains** findest du mit dem Wohnmobilschild versehene Stellplätze kurz vor **Thonon-les-Bains** (halte dich Richtung »Thonon Centre« und See-Ufer).

Die **Route des Grandes Alpes**, auch als »Königin der Alpenstraßen« bezeichnet, ist einer der berühmten französischen Wege durch die Alpen bis zum Mittelmeer. Sie **beginnt in Thonon-les-Bains** und führt **bis nach Menton an der Côte d'Azur**. Die sehr bequem ausgebaute und entspannt zu fahrende Straße überquert insgesamt **16 Alpenpässe, wobei sechs davon über 2000 Metern liegen**. Die Route überwindet auf etwa 700 Kilometer Länge einen gesamten Höhenunterschied von 15.700 Metern. Also viel Arbeit für dich und dein Wohnmobil.
Achtung: Die Route des Grandes Alpes ist nur von Juni bis zum 15. Oktober befahrbar.

Erst 1995 wurde die Route endgültig fertiggestellt, nachdem schon 1909 die erste Idee dieser Verbindungsstraße quer durch die Berge präsentiert wurde. Trotz der durchgängigen Beschilderung ist es sicher gut, eine Karte mitzunehmen – sie wird dir auch den »Einstieg« zur richtigen Straße aus Thonon erleichtern, damit du gleich **durch ein Tal Richtung Morzine** steuern kannst. Die ersten Kilometer werden dir eher gemütlich vorkommen – so kannst du dich schön »eingrooven«. Lass es langsam angehen: Auf dieser Strecke werden es nicht viele eilig haben und dich so nicht unnötig bedrängen.

Erst ab Cluses kommen die »richtigen« Pässe: beginnend mit dem Col de la Colombière und dem Col des Aravis. Am südlichen Ausgang von Cluses führt dich die Route über eine eher schmale Straße durch den kleinen Ort Nancy-sur-Cluses und weiter über Le Reposoir in Richtung Flumet.

» Abstecher-Tipp

Klar: Den Mont Blanc solltest du dir unbedingt aus der Nähe ansehen! Um möglichst nah an den höchsten Gipfel der Alpen zu gelangen, fährst du nach Chamonix-Mont-Blanc, das gut ausgeschildert ist.

Pass aber auf: In der Stadt selbst gabelt sich die Straße, und der Hauptstrang führt dich nach rechts in den Tunnel. Abgesehen davon, dass die Durchfahrt ab 60 Euro aufwärts kostet, möchtest du auch nicht auf diesem Weg nach Italien! Also links halten!

Frankreich / Routes des Grandes Alpes

» Freisteh-Tipp

Campingplätze wirst du auch hier oben ausreichend und leicht finden, aber nutze doch einfach mal das Wunderbare an dieser eher abgelegenen Strecke: die Möglichkeit, **irgendwo am Straßenrand** stehen bleiben zu können und dir von ganz oben sowohl den Sonnenunter- als auch -aufgang ansehen zu können.

» Stellplatz-Tipp

Wenn dir eher nach »Zivilisationsanbindung« ist oder du das dringende Bedürfnis nach Strom, Frischwasser oder Toilettenentleerung hast: **In quasi allen Städten entlang der Strecke** findest du mit dem Wohnmobil-Signet ausgeschilderte Stellplätze, die mit Servicesäulen komfortabel ausgestattet sind. Dort gibt es zwar keine Sanitärräume für dich, aber alles, was dein Wohnmobil braucht.

Von Flumet geht es **über den Col de la Saisies und den Cormet de Roselend** weiter südwärts. Folge der Beschilderung nach **Bourg-Saint-Maurice**.

» Pausen-Tipp

An der Route liegt kurz hinter dem **Örtchen Beaufort** (dem kleinen savoyardischen Käseparadies) der fast unheimlich blaue Stausee **Lac de Roselend**, an dessen Ufer du ein herrliches Picknick machen solltest. Über eine schmale Straße findest du am Nordufer des Sees eine Auswahl netter Rastplätze.

Frankreich / Routes des Grandes Alpes

Durchfahre die (im Sommer wirklich sehr hässliche Geisterstadt) **Val d'Isère**, die Hochburg des Wintersports, und halte dich in **Richtung Briançon**, um in den **Col de l'Iseran** einzusteigen: Hier bist du endlich auf dem höchstgelegenen Pass dieser Route. Knapp 2800 Meter hoch finden sich natürlich auch im Hochsommer große Schneefelder neben der in den Fels gehauenen Straße – und grandiose Aussichten.

Nach dem kühlen, aber großartigen Pass bietet sich **Briançon** mit seiner hübschen Altstadt als ideale Pausenstation an, in der du wieder Kraft schöpfen kannst, bevor du über den mehr als 2000 Meter hohen **Col du Vars nach Barcelonette** gelangst. Auch in diesem Ort lässt es sich rund um den hübschen Marktplatz mit seinen sehr netten Restaurants schön Kaffee trinken oder eine ausführliche Mittagspause machen. Vielleicht möchtest du hier auch die Abendstunden verbringen und irgendwo auf einem der Plätze in der Stadt entspannt übernachten?

Bis zum offiziellen Ende dieser Route sind es nur noch knapp 100 Kilometer, aber die – da sind sich zumindest alle Motorradfahrer einig – sind mit dem legendären **Col de Turini** allein die Reise wert. Als »wahre Kurvenorgie« nimmt dich dieser Klassiker der Rallye Monte Carlo in unendlich vielen Kehren und Schwüngen noch mal weit den Berg hinauf, um dann entspannt an der **Côte d'Azur** auszulaufen ...

Menton empfängt dich als typisch südfranzösische Küstenstadt mit breiter, palmengesäumter Uferpromenade und schicken Restaurants und Hotels. Ein guter Ort, um die Freuden und Eindrücke der letzten 700 Kilometer zu resümieren und wieder »festen Boden« unter die Räder zu bekommen.

Von hier aus kannst du dich entlang der Küste östlich nach **Italien** orientieren und dir einen gemütlichen Weg zurück nach Hause suchen: über (die empfehlenswerte, fast untouristische, aber sehr interessante ehemalige Kaiserstadt) **Imperia -> Genua -> Verona -> Gardasee -> Österreich -> Heimat**.

Auf der Strecke werden dich unentwegt Campingplatz-Schilder anspringen oder dir sympatische Städtchen mit Freistehplätzen begegnen, so dass du ganz entspannt den Weg nach Hause finden wirst.

»... Wo willst du hin, wenn
das Navi nicht mehr kann?
Wo willst du hin, wenn
kein anderer mehr weiß, wo lang?
Hey!
Ich hab die Koordinaten im Kopf! ...«

Luis Laserpower
»Koordinaten«

Natur-pur-Tour für 3–4 Wochen

Auf dieser Tour kommst du als Naturliebhaber und Freund von Ruhe und Stille ganz auf deine Kosten: knapp 2000 Kilometer meditatives Fahren auf schnurgeraden Straßen in ewigen Wäldern, dazu weite Wanderungen an menschenleeren Sandstränden und durch traumhafte Moore ...

Lahemaa
Tallinn
Kauksi
Estland
Peipussee
Virtsu
Pärnu
Saaremaa
Ventspils
Durbes-See
Riga
Lettland
Liepāja
Klaipeda
Litauen
Nida
Vilnius

Natur-pur-Tour für 3-4 Wochen

» Deutschland / Kiel → per Fähre nach Litauen / Klaipeda → auf die Kurische Nehrung → an der Ostseeküste entlang → Lettland → Estland → bis fast zur russischen Grenze → Peipussee → Lettland / Ventspils → per Fähre nach Deutschland / Travemünde

Dein erster Zielpunkt ist **Kiel**, von wo aus die Fähre nach **Litauen / Klaipeda** startet. An der **Kieler Förde** gibt es **mehrere Campingplätze**, von denen du den auslaufenden Fähren zusehen und wo du die Nacht vor dem Abfahrtstag sehr gut verbringen kannst, um entspannt und pünktlich zum Hafen rüberzufahren. Um die Ablegestelle zu finden, orientiere dich an dem **Wegweiser Richtung Ostuferhafen**.

Spätestens zwei Stunden vor der geplanten Abfahrt solltest du im Passagierterminal eingecheckt haben. **Dafür brauchst du deinen Pass, den Kfz-Schein und (wenn du es bereits hast) das Ticket/die Buchungsbestätigung.** Wenn du spontan anreist, kannst du dir auch **hier ein Ticket für die nächstmögliche Fähre kaufen**.

Mit dem Bordticket fährst du in das eingezäunte Hafengelände und reihst dich in die Warteschlange ein, um auf die Einschiffung zu warten. Die Fähren in den Norden haben meist nicht die Option »Camping on board«, so dass du, sobald dein Fahrzeug auf der zugeteilten Position des Parkdecks steht, deine Siebensachen packen musst und dir an der Rezeption die Kabinenkarte geben lässt. Denk an alles, was du brauchst, das Personal ist sehr streng und lässt dich nicht mehr zum Wohnmobil zurück, wenn die Decktüren erst einmal geschlossen sind.

Nach etwa 21 Stunden Fahrt, in denen du von der Fährgesellschaft DFDS Seaways mit recht gutem Abendessen, Frühstück und Mittagessen versorgt wirst, läufst du in südlicher Richtung in **Klaipeda / Litauen** ein. Für deinen ersten Stopp in Litauen fahre vom Schiff ab, wende dich **nach der Hafenausfahrt** auf die Hauptstraße wieder **Richtung Norden**, und mithilfe von Fährsymbol-Schildern findest nach etwa drei Kilometern das kleine Fährschiff, das dich im 20-Minuten Rhythmus für etwa 30 Euro (Hin- und Rückfahrt) über das Haff hinüber zur **Kurischen Nehrung** bringt.

Überquerung des Kurischen Haffs mit Blick auf die Fähre aus Deutschland

Nach **Überquerung der Mündung des Kurischen Haffs in die Ostsee** wendest du dich von der Fähre nach **links in Richtung Süden** und hältst dich an die Wegweiser nach **Nida**. Etwa 50 Kilometer geht es durch hohe Pinienwälder entlang der Kurischen Nehrung, zwischendrin musst du am Kassenhäuschen für die Weiterfahrt in den **Nationalpark Kuršiu Nerija**, bezahlen (15 bis 20 Euro). Du kannst irgendwo am Straßenrand halten und durch den lichten Wald entweder nach rechts Richtung Ostsee oder

» Campingplatz-Tipp

www.kempingas.lt
Geöffnet: ganzjährig

Nahe der Kleinstadt **Nida** liegt (super beschildert, deswegen ganz leicht zu finden) ganz hübsch im Wald **»Nidos Kempingas«**, der einzige und sehr schöne Campingplatz auf der gesamten Nehrung.
Von hier aus kannst du in ein paar Minuten auf die **Parniddener Düne / Hohe Düne** spazieren, dann von dort hinunter nach **Nida** und dann durch den Wald zurück zum Platz: Ein wirklich herrlicher Spaziergang!

Litauen / Kurische Nehrung / Ostsee

nach links zum Kurischen Haff laufen – beide Wasser mit ihren herrlich einsamen Sandstränden und der weiten Sicht sind nur ein paar Gehminuten entfernt (wobei mir ein Einheimischer schwor, am Haff-Strand bei Kilometerstein 32 sei der schönste Fleck Litauens!).
Hast du dich in Nida von der Fährüberfahrt erholt, dich ans Baltikum akklimatisiert und schon die ersten langen Strandspaziergänge hinter dir, kehrst **über die Nehrung zurück nach Klaipeda**, um von dort **Richtung Norden an der Ostseeküste entlangzufahren.** Lange Straßen durch ewige Wälder werden dich auf der gesamten weiteren Strecke begleiten ...

Liepāja, die »Stadt des Windes«, ist die erste größere Stadt Lettlands, der du begegnest. Sie liegt sehr hübsch zwischen Meer, See und Kanal und lässt sich mit einem gemütlichen Stadtspaziergang erkunden. Es ist keine spektakuläre Stadt, aber genau richtig, um den lettischen Alltag zu erschnuppern.

Lettland / Liepāja

» Pausen-Tipp

www.draugiem.lv/kursasputni

Geöffnet: täglich

Mein Pausen-Tipp zur Kaffeezeit (oder auch abends zu einem der zahlreichen Events mit Livemusik): **Kursas Putni Kafejnika** ganz in der Nähe des Kanals. Superleckerer »Andrito«-Kaffee (hergestellt in Riga), moderngroovige lettische Musik, originelle Inneneinrichtung, ein schöner Innenhof für den Sommer – und ein wirklich sympatischer junger Besitzer, dem man das Herzblut anmerkt, mit dem er sein Kultur-Café führt.

In **Liepāja** biegst du **landeinwärts Richtung Riga, also Richtung Osten** ab. Genieße etwa 25 Kilometer später am **Durbes-See** einen feinen Abend im Sonnenuntergang: entweder frei stehend irgendwo direkt am Ufer oder – wenn du eine gepflegte Dusche brauchst – auf dem netten **Campingplatz Vinrozes**. So gestärkt und in der absoluten Stille des lettischen Landes perfekt ausgeruht, kannst du dich am nächsten Morgen frisch nach **Riga** zur Stadtbesichtigung aufmachen.

» Campingplatz-Tipp

www.vinrozes.lv

Geöffnet: Mai–Oktober

Der sehr gepflegte **»Campingplatz Vinrozes«** liegt direkt am **Durbes-See**: absolute Ruhe, viel Freiraum und ein toller Blick über den ganzen See. Außerdem kannst du dir hier eine Angellizenz kaufen und ein Boot leihen, um dein Abendessen zu erjagen oder einfach nur mit dem (Motor-)Boot den herrlichen See zu erkunden.

» Stellplatz-Tipp

www.rigacamping.lv
Geöffnet: Mitte Mai–Mitte Sept.

Als perfekten Startpunkt für eine ausführliche Stadtbesichtigung bietet dir Riga einen sehr schlichten kleinen, aber ganz guten Übernachtungsplatz: **»Riga City Camping«** liegt wirklich mitten im Zentrum und direkt im Fluss Daugava auf der Insel Kipsala mit einer wundervollen Aussicht auf die Altstadt, die du von hier aus in einer knappen halben Stunde zu Fuß erreichen kannst.

Die lettische Hauptstadt Riga ist berühmt für ihre Jugendstilbauten und ihre großzügige Anlage und wird dich mit ihrer gut erhaltenen Innenstadt (besonders die Altstadt) begeistern! Nimm dir Zeit, denn nach Stadtleben und Kultur in der alten Hansestadt führt deine Tour nun wieder durch die Natur entlang der (von der Straße aus leider unsichtbaren) Küste **Richtung Norden**. Es gibt unzählige gute Möglichkeiten, sich bei einem kurzen Spaziergang durch den Wald die Beine zu vertreten oder am Strand zu picknicken und ein Schläfchen zu halten. Fahre einfach, bis du über die **fast unsichtbare Grenze nach Estland** rollst, und weiter, bis du auf die hübsche estnische **Kleinstadt Pärnu** triffst, die mit ihrer kleinen Fußgängerzone und ein paar netten Lokalen durchaus eine Übernachtung wert ist. Du kannst in diesem ruhigen Städtchen wirklich unbesorgt irgendwo über Nacht stehen bleiben und so das kulinarische Angebot ausgiebig nutzen.

» Abstecher-Tipp

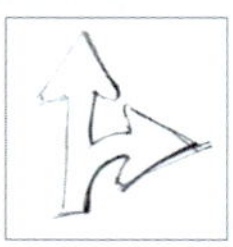

Auf der Weiterfahrt an der Küste entlang solltest du unbedingt die **Insel Saaremaa** besuchen: Vom **Küstenort Virtsu** setzt das Fährschiff etwa alle halbe Stunde über zur **Insel Muhu**, von der du dann über einen 3,5 Kilometer langen Damm zu dieser unglaublichen estnischen Natur- und Kulturschönheit gelangst.

Lettland / Riga

Deine Route führt dich weiter Richtung Osten, über die **estnische Hauptstadt Tallinn**, die du als »Perle Estlands« natürlich nicht auslassen solltest, wenn du wieder Lust auf eine ausführliche Besichtigung einer besonders tollen Stadt hast.

Tallinn besteht aus komplett unterschiedlichen Welten: Die mittelalterliche, sehr touristisch durchsetzte Altstadt oben auf dem Hügel und die neue, hochmoderne Geschäftsstadt Richtung Hafen. Bekannt ist Tallinn für seine »hanseatische« Architektur, die schön erhaltenen Kopfsteinpflaster und die Straßenzüge mit Häusern, die bis ins 11. Jahrhundert zurückgehen. Du kannst dir viel Zeit in Galerien und Museen, gemütlichen Cafés oder Restaurants gönnen.
Nur ein paar Minuten zu Fuß von der Altstadt entfernt liegt das moderne Viertel mit Wolkenkratzern, Hightech-Hotels, Konferenzzentren und vielen Restaurants und Bars.
Spannend ist aber auch das dem Hafengelände angrenzende Viertel Kalamaja, wo man sich ein bisschen wie im Prenzlauer Berg der neunziger Jahre fühlen kann: In diesem ehemaligen Arbeiterbezirk wohnen vorwiegend junge Familien, es befinden sich Ateliers, Agenturen, Architekturbüros, aber auch ein Flohmarkt und schöne Cafés in den traditionellen Holzhäusern und alten Fabrikgebäuden.

» Campingplatz-Tipp

www.tallinn-city-camping.ee
www.piritatop.ee
Geöffnet: Mitte Mai–Mitte Sept.

Ganz schlicht, etwas marode, ziemlich unschön und auch wirklich nur für eine oder zwei Übernachtungen gedacht – aber dafür mit super Busanbindungen in die Stadt: In Tallinn gibt es zwei Campingplätze in Citynähe, die du perfekt für deine Durchreise bzw. für deinen Stadt- oder Kulturbummel nutzen kannst (auf beiden Plätzen werden auch Fahrräder vermietet):
Der **»City Camping«** liegt etwas nödlich des Zentrums am Meer, **»Pirita Harbour Caravan Camping«** direkt am alten Hafen (was sich manchmal am Geruch bemerkbar macht).

Estland / Tallinn

Estland / Lahemaa-Nationalpark

Durch etwas großstädtisches Verkehrsgewühl verlässt du Tallinn und hältst dich dann weiter wieder ganz nah am Meer. Du solltest dir Zeit für den unglaublich traumhaften **Lahemaa-Nationalpark** nehmen, um Natur pur bei ausgedehnten Wanderungen oder Radtouren auf hölzernen Pfaden zu genießen.

Halte dich weiter nach Osten, aber kurz bevor du an die russische Grenze stößt, machst du **eine scharfe Kurve im rechten Winkel Richtung Süden** und hältst auf den riesigen **Peipussee** zu (übrigens der fünftgrößte See Europas). Er bildet fast die gesamte östliche Staatsgrenze Estlands zur Russischen Föderation und ist damit Teil der Außengrenze der EU.

» Freisteh-Tipp

www.loodusegakoos.ee
Geöffnet: ganzjährig

An der Kreuzung **kurz vor Kauksi** fährst du Richtung **Tartu**. Nach etwa 500 Metern findest du das Hinweisschild zum **Campingareal »Kauksi Telkimisala«**. Folgst du dem schmalen Pfad durch den Wald, wirst du nach etwa 700 Metern erst auf das Kassenhäuschen (kleine Eintrittsgebühr für den Park, das Übernachten ist kostenlos) und dann auf ein wunderschönes riesiges Areal stoßen: **freies Stehen, wo du möchtest**, verstreute Grillstellen und überdachte Picknickplätze, ganz vereinzelt Plumpsklos (sonst gibt es keine Sanitäranlagen). Und hinter der Düne liegt dein ewiger traumhafter Sandstrand – absolutes Camperglück für Spartaner.

So langsam sollte es mal wieder Richtung Heimat gehen, deswegen kreuzt du nach deinem Aufenthalt in den Wäldern am Peispussee in Richtung Südwesten **quer durch Estland** wieder rüber **nach Lettland**. Du kannst die große Hauptstraße über die Städte **Tartu -> Valga -> Valmiera** nehmen, dann kannst du entspannt innerhalb eines Reisetages nach **Riga** gelangen. Unterwegs könnte es aber auch sein, dass du dich an die einsame Natur verlierst: Es gibt so viel zu entdecken ... Wälder ohne Ende, Nationalparks, riesige Moore mit Holzpfaden, menschenleere Seeufer – einfach Natur pur.

» Campingplatz-Tipp

www.makars.lv

Geöffnet: ganzjährig

Etwas abseits der großen Hauptstraße nach Riga (24 bzw. 40 Kilometer **nach der Stadt Cēsis**) liegen zwei tolle Campingplätze, die du ansteuern solltest, wenn du Lust hast, den freundlich-gemächlichen **Fluss Gauja** mit einer herrlichen Kanutour zu entdecken.
Auf den beiden (sehr gepflegten) Campingplätzen **»Siguldas pludmale« in Sigulda** und **»Kanoe kempings« in Līgatne** kannst du dir verschiedene Boote ausleihen (Kajaks, Ruderboote, sogar Flöße für große Gruppen). Am Vormittag werden die Boote zu den Einstiegsstellen gebracht, von denen aus du dich in deinem Tempo flussabwärts treiben lassen kannst: ein schönes Erlebnis.

Um zum Abschluss der Nordtour deinen Blick noch einmal ausführlich auf das Meer werfen und Meeresluft schnuppern zu können, steuerst du wieder Richtung **Riga**.
Von hier aus bewegst du dich **nordwestlich entlang der Küste** und kannst dich entweder vom Ausblick auf den **Rigaer Meerbusen** begeistern oder dich zu einigen Spaziergängen durch die Wälder und beiden Nationalparks hinreißen lassen.

Lettland / Rigaer Meerbusen

Lettland / Ventspils / Fähre nach Deutschland

Dein letztes Ziel im Baltikum ist der Küstenort **Ventspils**, von dem du die Heimfahrt per Fähre antreten kannst. Da die **Fähre nach Travemünde** sehr früh ausläuft, empfiehlt es sich, die Nacht entweder **auf dem kleinen, ruhigen Hafenareal** zu verbringen oder noch einmal die Vorzüge eines Campingplatzes zu nutzen:

» Campingplatz-Tipp

www.camping.ventspils.lv
Geöffnet: ganzjährig

Nur ein paar Fahrminuten vom Fähranleger entfernt und fast direkt in **Ventspils** liegt der sehr gepflegte Campingplatz **»Piejūras kempingu«**. Er hat eine rund um die Uhr besetzte Rezeption, so dass du jederzeit ein- und auschecken kannst.
Wenn du noch genug Zeit hast, bevor dich deine Fähre nach Hause bringt, kannst du dir (in den Sommermonaten) am Platz Fahrräder oder auch Elektroroller ausleihen, um die nahe Umgebung und die Stadt erkunden zu können.
Vom hinteren Ausgang des Platzes gelangst du über breite Dünen an den Strand: ein traumhaftes Plätzchen, um sich ganz in Ruhe einen Abend lang vom Meer und dem Baltikum zu verabschieden.

Der **Fährhafen von Ventspils** ist gut ausgeschildert und das **Schaltergebäude der Fährgesellschaft Stenaline rechter Hand vor dem großen Tor** leicht zu finden. **Hier solltest du zwei Stunden vor dem Ablegen mit deinen Unterlagen einchecken** (oder dir dein Ticket kaufen), bevor du in den umzäunten Hafenbereich fahren und dich zur Einfahrt auf das Schiff anstellen kannst.

Auf der Fähre kannst du die Zeit wieder gemütlich in deiner Kabine oder an der kleinen Bordbar verbringen, im Restaurant essen und **die etwa 21 Stunden lange, sehr entspannte Überfahrt** genießen, bevor du in **Travemünde** von Bord rumpelst und dich auf deinen Heimweg machst.

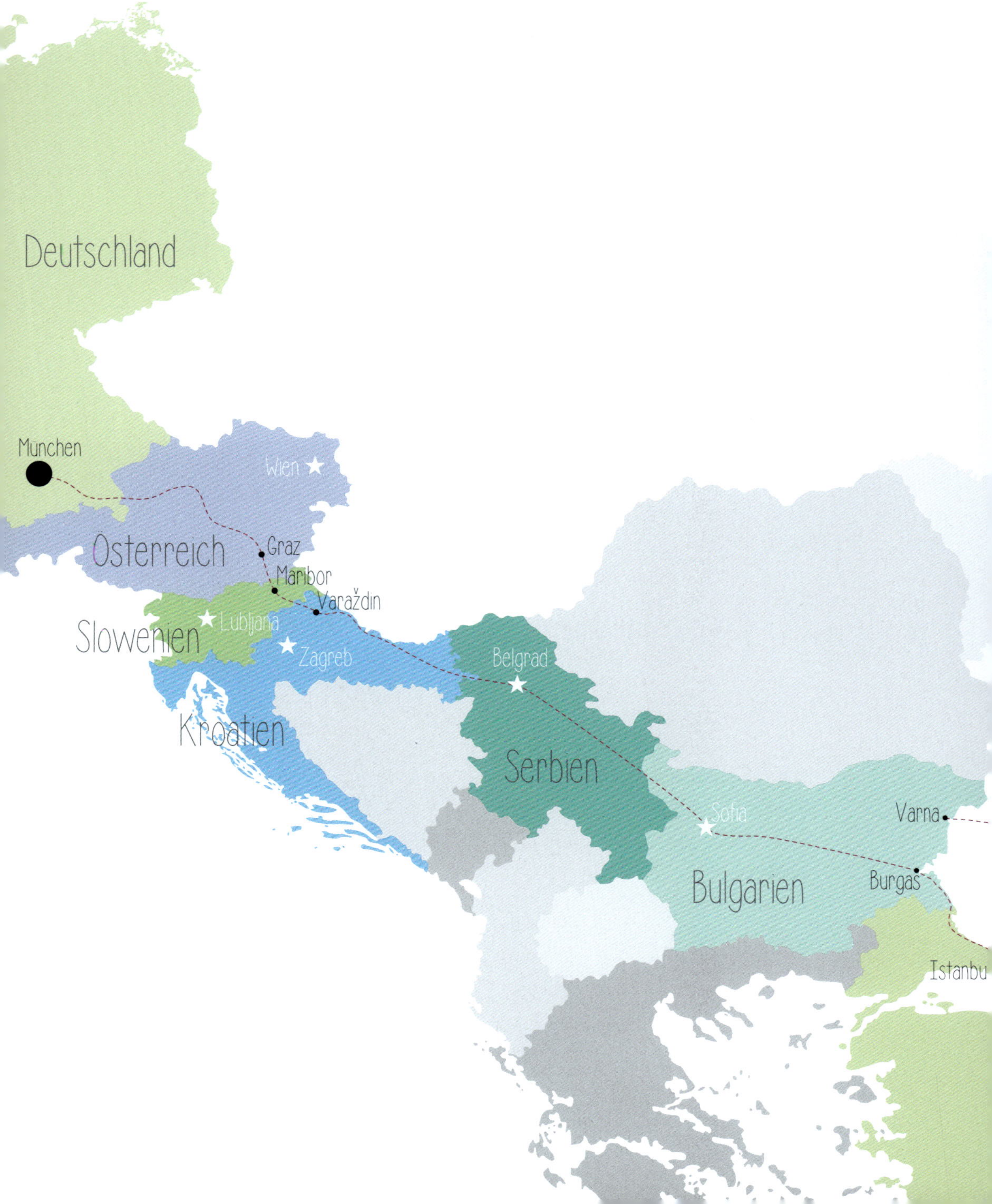

Deutschland
München
Wien
Österreich
Graz
Maribor
Varaždin
Lubljana
Slowenien
Zagreb
Kroatien
Belgrad
Serbien
Sofia
Varna
Burgas
Bulgarien
Istanbu

»To travel is to discover
that everyone is wrong
about other countries.«

Aldous Huxley

Abenteurer-Tour für 4–8 Wochen

Diese Tour ist für wirklich fortgeschrittene Wohnmobilisten ... Nimm dir für diese Route entspannt viel Zeit, denn du wirst mit dem Erleben kaum hinterherkommen. Gute 8000 Kilometer Landschaften, Straßen, Lebensweisen – und vor allem die freundlichen Menschen: Das alles wird dich nie mehr loslassen ...

Abenteurer-Tour für 4-8 Wochen

» Deutschland -> Österreich -> Slowenien -> Kroatien -> Serbien -> Bulgarien -> Türkei -> Südküste des Schwarzen Meers -> Georgien -> Rundtour -> Batumi -> Fähre über das Schwarze Meer -> Varna / Bulgarien -> zurück nach Deutschland

Für diese Route möchte ich dir - anders als bei meinen anderen Vorschlägen - nur ganz grobe Anhaltspunkte für die Strecke geben. Ich will dir einfach nur Lust machen: **Stürz dich in das Abenteuer einer wirklich großen Fahrt und entdecke die Welt auf unkonventionelle Weise mit deinem Wohnmobil ...**
Ich kann dir kaum »echte« Campingplätze empfehlen, weil es unterwegs nur ganz wenige klassische Plätze gibt und du jederzeit und überall so schöne und interessante Orte entdecken wirst, dass du dich gar nicht auf »zivilisiertes« Gebiet zurückziehen möchtest.
Vor allem rate ich dir, dich aus vollstem Herzen auf die absolute Unwägbarkeit und Unplanbarkeit einzulassen: Hier wird deine ganze Flexibilität in Sachen Streckenplanung gefordert, deine absolute Kreativität, dich in jeder Situation neu zurechtzufinden. Du wirst mit Menschen aller Art zusammenkommen, die deine ganze Aufmerksamkeit und Freundlichkeit beanspruchen - und es dir wiederum mit ihrer Aufmerksamkeit danken.

Spezial-Packliste

Bereite dich vor wie für alle anderen Reisen auch. Für dein Fahrzeug musst du bedenken, dass die Straßen in der Regel ganz gut befahrbar sind, solange du dich auf Hauptstraßen bewegst. Auf allen kleineren Straßen dominieren tiefe Schlaglöcher, so dass du nicht nur sehr vorsichtig fahren musst und damit auch nur sehr langsam vorwärtskommst, sondern auch alles mehr als kräftig durchgeschüttelt wird! Achte also beim Packen darauf, dass jeder Gegenstand seinen absolut festen, kippsicheren Platz bekommt. Lieber zu wenig mitnehmen (das allermeiste kann man wirklich unterwegs besorgen), als schon bei der Abfahrt alles in den Stauraum stopfen zu müssen und deinem Fahrzeug die ganze Strecke mit (zu) viel Gewicht zuzumuten.

Georgien / Kazbegi

- Worauf du Wert legen solltest, ist ein **Spaten** und evtuell **größere (Fuß-)Matten**, um dich notfalls aus zu lockerem Untergrund zu befreien.

- Fahre auf jeden Fall nur mit **sehr guten Reifen** (plus Ersatzrad, natürlich) für deine Offroad-Wege.

- Denk auch an **Werkzeug**, wobei es überall sehr gute und vor allem findige Mechaniker gibt, die dich aus technischen Schwierigkeiten retten werden.

- Prüfe, ob deine **(Vollkasko-)Versicherung** nicht nur die maximale Deckungssumme hat, sondern auch für die geplanten (etwas exotischeren) Länder gilt. Vielleicht gibt dir die Versicherungsgesellschaft ein englischsprachiges Dokument mit, womit sich die Unfallgegner im Notfall beruhigen lassen.

- Sorge für **ausreichend Gasvorrat**. Gerade ganz im Osten wirst du vielleicht Schwierigkeiten haben, unkompliziert kompatible Flaschen zu finden.
  Meine Tipps zum Thema Gas siehe Seite 228

- Sehr wichtig ist auch **gutes Kartenmaterial**. Ich verlasse mich grundsätzlich auf Offline-Material, am liebsten vom »Reise Know-How«-Verlag. Auf diesen immer aktuellen, detaillierten Karten kann ich nicht nur die tollen Insidertipps von Zufallsbegegnungen und Camperkollegen festhalten, sondern auch meine gefahrenen Strecken gleich einzeichnen und später unkompliziert weitergeben.

- Dass deine **Reisedokumente** Gültigkeit bis zur geplanten Rückkehr haben müssen, ist klar. Mach dir auf jeden Fall eine oder gar zwei Kopien von allen wichtigen Papieren, die du in deinen Verstecken deponierst, damit du bei Verlust (oder gar Diebstahl) nicht in größere Schwierigkeiten gerätst, als du dann sowieso schon hast.

- Die **medizinische Versorgung** ist, je näher man dem Kaukasus kommt, nicht immer so einfach, wie wir das gewöhnt sind: Denk also an alle Eventualitäten.

- Beachte bei deiner **Kleider- und Schuhwahl**, dass du spätestens in Georgien mehrere tausend Meter hoch gelegene Straßen fahren wirst.

Fahr los und halte dich erst einmal gemütlich immer **in Richtung Österreich**, über die **Autobahn A8** und **über den Ischenberg** (Pausen-Tipp siehe Seite 121) -> **Rosenheim** -> **Österreich** -> **Salzburg** -> **über Mondsee / Attersee** -> **bis nach Graz**.

Entspanntes Reisen auf perfekten Straßen, genau richtig, um erst einmal in den Fahr-Flow zu kommen und dich in Urlaubsstimmung zu bringen. Von **Graz** aus kann du schon **Slowenien** angeschrieben sehen, nimm dir für dieses großartig grün-entspannte Land unbedingt genügend Zeit zum Entdecken.

» Campingplatz-Tipp

www.campingmenina.com

Geöffnet: ganzjährig

Das **»Camp Menina«** liegt zwar ganz schön abseits der Ost-Route - aber ich finde, den Umweg ist es absolut wert! Ein wirklich cooler, gepflegter Platz mit allen Annehmlichkeiten, einer großen Menge an Freizeitspaß (Kajak- und Raftingtouren!), einem eigenen Kletterpark und vor allem viel Freiraum (außer im August). Ein **Genussplatz** für meine Begriffe.

Slowenien / Fluss Drau

Die Strecke führt dich durch **Maribor,** eine wunderbare kleine Stadt, die am tollen **Fluss Drau** liegt – genau richtig für eine gemütliche Ruhepause oder eine Übernachtung in der Innenstadt.
Tipps für das Freistehen in der Stadt findest du auf Seite 82

Du kannst dich weiter **in südlicher Richtung halten**, indem du auf kleinen Straßen dem **Lauf der Drau folgst**, die dich bis ins nächste Land, **Kroatien**, begleitet und bis zum **Ort Varaždin** führt. Sie fließt weiter nordöstlich durch zwei kleine Seen, an denen du wieder gut haltmachen kannst, und schlängelt sich dann als **Grenzfluss zu Ungarn** immer weiter in südöstlicher Richtung, bis sie **hinter Osijek** in die Donau mündet.
Die Donau könntest du jetzt auch zu deinem Begleitfluss küren, denn ihr Lauf folgt der **Grenze zu Serbien** und führt dich weiter durch **Novisad bis Belgrad**, wo sie dann nach Rumänien abbiegt. Du allerdings solltest dich weiter in den Süden begeben und die **Südküste des Schwarzen Meeres** anvisieren, indem du mehr oder weniger direkt **Sofia in Bulgarien** ansteuerst.

Die Grenzübertritte sind im Allgemeinen komplikationslos, wobei auch hier kein genereller Tipp gegeben werden kann, außer Geduld und Freundlichkeit mitzubringen. Gerade an kleineren Übergängen soll es immer wieder Forderungen nach völlig intransparenten »Gebühren« geben – aber vermutlich ist das personenabhängig und damit von Situation zu Situation individuell zu entscheiden, ob du die Gebühr bereitwillig (und kritiklos) zahlst oder ob du dich auf Diskussionen einlassen möchtest.

» Tipp

Fahre, wenn es sich vermeiden lässt, nicht im Juli/August, denn da sind die Hauptstraßen oft von heimfahrenden Türken verstopft (gerade an den Grenzübergängen). Außerdem wurde ich gewarnt, dass sich auf der Strecke auch Leute tummeln, die es auf Fahrzeuge mit deutschen Kennzeichen abgesehen haben. Sie erwarten die Heimkehrer, die naturgemäß die Autos mit Mitbringseln und Wertgegenständen vollgestopft haben.

In Bulgarien findest du einige Campingplätze, die meisten zwar nicht unbedingt mit besonderem Standard, aber wenn du dich mit einer Grundversorgung begnügen kannst, wirst du (vor allem natürlich an der Schwarzmeerküste) gute offizielle Übernachtungsplätze finden. Dies ist ein Grund, dich schon in Bulgarien an die Küste zu tasten, vor allem, weil hier - neben vielen schrecklich verbauten Touristenmeilen - wunderbare Strände locken und dir damit auch einige tolle Freistehplätze ins Auge springen werden.

» Pausen-Tipp

www.beach.vistamare.bg
Geöffnet: ganzjährig

Ein wirklich perfekter Platz für einen ganzen Tag Pause ist die **»Beach Bar Vista Mare«** nur ein paar Kilometer südlich der Stadt **Burgas**. Umrunde auf der Autobahn die Bucht, nimm die **Ausfahrt Richtung Jasna Poljana**, fahre dann ein Stück auf der winzig kleinen Straße parallel zur Autobahn, biege bei der nächsten Möglichkeit **nach links / Norden** und fahre noch etwa fünf Kilometer durch den Wald bis zur Küste.
Und wenn du nett fragst, ist sicher auch eine Übernachtung auf deren Parkplatz kein Problem.

Bulgarien / Sozopol

So langsam arbeitest du dich in den Osten, in **Richtung Türkei** vor, indem du dich einfach die Küste entlangtreiben lässt. Du wirst überall tolle Plätze zum Stehen, Genießen und Übernachten finden.

Wenn du Lust auf Großstadtrummel hast und nicht davor zurückschreckst, dich mit deinem Wohnmobil ins wilde Verkehrsgetümmel zu stürzen, dann solltest du dir natürlich unbedingt Zeit für **Istanbul** nehmen.

» Stellplatz-Tipp

Keine Webseite
Geöffnet: ganzjährig

Um direkt in der Altstadt zu stehen und damit die meisten Sehenswürdigkeiten in fußläufiger Nähe zu haben, kann ich dir den sehr kleinen **»Otopark Kennedy Caddesi« an gleichnamiger Straße** empfehlen. Er ist zwar in eher schlechtem Zustand, hat quasi keine Sanitäranlagen (du solltest also mit einem vollen Wassertank und leerer Toilettenkassette ankommen) und ist natürlich ziemlich laut (Stadtmitte), aber dafür umzäunt, bewacht und immer belebt, so dass du hier unbesorgt parken und schlafen kannst.
Du findest diesen unscheinbaren Parkplatz, wenn du dich auf die **südliche Küstenstraße (Kennedy Caddesi)** begibst und dann Richtung Osten fährst. Etwa **einen Kilometer östlich vom Fähranleger Yenikapı Feribot Iskelesi** (von dem aus die Fähren über das Marmarameer abgehen) wirst du ihn finden, vor allem, wenn du die Augen nach einer Ansammlung von Camperkollegen offen hältst.
Orientiere dich am besten an einem **hohen weißen Leuchtturm,** den du **direkt am Ufer** stehen sieht: Kurz davor ist die Einfahrt, und direkt unterhalb des Turmes befindet sich der Stellplatz.

Türkei / Istanbul

Nach der mehr oder weniger ausführlichen Stadtbesichtigung ist es dir vielleicht wieder nach etwas Ruhe am Meer? Dann halte dich gleich wieder nördlich in Richtung Schwarzmeerküste, an der du jede Menge Strände und Meeresblicke geschenkt bekommst. Eine längere Pause könntest du in der netten Kleinstadt Amasra machen, die als einer der schönsten Küstenorte der Türkei gilt. Sicher kannst du hier in der Nähe des Hafens (in Absprache mit einem der Restaurantbesitzer) einen feinen Übernachtungsplatz ergattern.

Bei der türkischen Schwarzmeerküste wird häufig zwischen westlichem und östlichem Teil unterschieden, wobei Samsun (die größte Hafenstadt am Schwarzen Meer) die Mitte darstellt. **Während der Westen mit wunderschönen klaren Buchten glänzt, dich mit kurvenreichen Küstenstraßen begeistert und mit tollen Badeplätzen belohnt, findest du im östlichen Teil den Spaß eher in der Höhe, im bergig-wilden Hinterland.**

» Abstecher-Tipp

Bevor du dich weiter nach Osten begibst: Nutze die sagenhafte Bergwelt des Pontischen Gebirges (türk.: Kaçkar Dağları) und besuche das Sumela-Kloster, das spektakulär am Hang »klebt«. Die gut ausgebaute Straße (früher ein staubiger Karawanenweg) schlängelt sich von Trabzon Richtung Maçka durch Haselnussplantagen, an grünen Feldern und einem tosenden Fluss entlang hinauf ins Gebirge zum Altindere-Nationalpark (eine der wenigen Passagen, die von Nord nach Süd durchs Gebirge führen).

Wie ein Schwalbennest schmiegt sich das (im Jahr 386 gegründete) siebenstöckige Klostergebäude mit seinen farbenprächtigen Fresken an die steil abfallende Felswand, umgeben von sattem Tannengrün und mit grandioser Aussicht: ein wirklich spektakulärer Platz, für den sich dieser Abstecher lohnt.

Oben im **Kaçkar-Gebirge** lassen sich klassische Almwirtschaften wie in den Schweizer Alpen finden. Ob du selbst Tageswanderungen unternimmst oder an längeren organisierten Trekkingtouren teilnehmen möchtest: Du findest einsame Seen und Bäche, immergrüne Wälder und Hochlandweiden, abgelegene Almen ... Nimm dir Zeit, diese Gegend zu entdecken!

Türkei / Kaçkar-Gebirge

Nach Abstechern oder Wanderausflügen deiner Wahl kehrst du wieder auf die Küstenstraße zurück und passierst endlich die Grenze zu Georgien, um dann über vereinzelte georgische Badeorte in der Stadt Batumi zu landen. **Für EU-Bürger ist die Einreise mit einem Reise- bzw. Kinderpass oder Personalausweis ohne Visumpflicht (für Aufenthalte von bis zu einem Jahr) möglich.** Alle Dokumente müssen vom Zeitpunkt der Einreise bis zum Zeitpunkt der Ausreise gültig sein.

» Tipps

Georgien ist grundsätzlich nicht unsicherer als andere Länder. Trotzdem bestehen einige wenige Sicherheitsrisiken, die du beachten solltest. Bitte erkundige dich vor jeder Reise selbst beim Auswärtigen Amt, ob sich die Bestimmungen geändert haben oder sonstige Auflagen neu erlassen wurden.

Aktuell schreibt das Auswärtige Amt:

»Von **Reisen nach Abchasien und nach Südossetien** (beides autonome Republiken im Norden Georgiens, an der Grenze zu Russland) wird wegen der prekären Sicherheitslage grundsätzlich abgeraten.
Bei **Einreise mit dem eigenen Pkw nach Georgien** gelten besondere Zollbestimmungen. Diese sehen eine maximale Verweildauer von 90 Tagen für das Kraftfahrzeug im Land vor. Kann diese Frist nicht eingehalten werden, muss eine Ummeldung des Kfz erfolgen oder ein Antrag auf Fristverlängerung gestellt werden. Bei Überschreitung der genannten Frist drohen umgehend empfindliche Geldbußen.
Die **schlechten Straßenverhältnisse** und die von in Deutschland gängigen Verkehrsgewohnheiten abweichende, teilweise aggressive Fahrweise bringen erhöhte Unfallgefahren im Straßenverkehr mit sich. Von Nachtfahrten außerhalb der Städte wird abgeraten. Abgelegene Gebiete können oft nur mit Geländefahrzeugen erreicht werden. Bei Autofahrten sind ein in der EU ausgestellter Führerschein bzw. internationaler Führerschein sowie die Zulassung mitzuführen.
Alkohol am Steuer ist verboten (0,0 %).
Begrenzt bleibt die **private Mitnahme von Zigaretten** (max. 400 Stk. oder 50 Zigarren/Zigarillos) und Alkohol (max. 4 Liter).
Landesweit gibt es gelegentlich Berichte über z. T. auch **bewaffnete Raubüberfälle und Diebstähle**. Reisende sollten entsprechende Vorkehrungen treffen, sich bei Dunkelheit nach Möglichkeit nicht allein auf der Straße aufhalten und auf eine angemessene Sicherung ihrer Unterkünfte achten. Besondere Vorsicht sollte auf einsamen Strecken gelten, insbesondere in den oft abgelegenen Bergregionen und Wandergebieten. Bei einem Überfall sollte wegen nicht zu unterschätzender Gewaltbereitschaft kein Widerstand geleistet werden.«

Auch wenn empfohlen wird, die beiden Konfliktgebiete im Norden des Landes weiträumig zu umfahren, schreibt das Auswärtige Amt doch explizit:
»Gegen die Nutzung der Hauptverbindungsstraße zwischen Ost und West (M1), die relativ nahe an Südossetien vorbeiführt, bestehen keine Bedenken. Ebenso gibt es keine Bedenken gegen die Nutzung der sogenannten ›Alten Georgischen Heerstraße‹ (M3), die ebenfalls nahe an Südossetien vorbei auch in das Skigebiet Gudauri führt.«

Auf jeden Fall solltest du aktuelles Kartenmaterial (gedruckt oder offline) dabeihaben, denn die Internetsignale sind definitiv nicht flächendeckend, auch ein GPS-Navi wird dich hier und da im Stich lassen.

Fahre von Batumi ein Stück weiter nordwärts an der Küste entlang, bestaune die georgischen Bade-/Strandorte, die sogar mit einem großen Vergnügungspark aufwarten. Folge der Hauptstraße ins Landesinnere und biege kurz nach Ureki nordwestlich über Samtredia in Richtung Kutalsi ab .

» Campingplatz-Tipp

www.blackseacamping.com
Geöffnet:
im Sommer Tag und Nacht,
außerhalb der Saison
erreichbar über Telefon:
+995 571300125

Es gibt einen Campingplatz, den ich als ersten tollen Stopp gleich nach der georgischen Einreise empfehlen kann: das coole **»Kaprovani Beach Camp«**, etwa 60 Kilometer nördlich von Batumi, **einen Kilometer südlich von Ureki**.

Nimm die **Abfahrt nach Ureki**, halte dich **links Richtung Strand**, dort etwa **800 Meter wieder nach Süden**, der Platz ist mit »Kaprovani« beschildert.

Es ist ein Platz ganz nach meinem Gusto: traumhafte Lage direkt am Wasser und mit sehr herzlichen Platzbetreibern (eine amerikanische Familie), die sich vor wenigen Jahren den Traum vom perfekten Platz in Georgien erfüllt hat, um »Reisenden eine gemütliche Bleibe in der Fremde zu bieten«.

» Tipp

Auch als Nichtraucher solltest du stets ein paar Packungen Zigaretten griffbereit haben. Sie sind eine sehr gute Möglichkeit, sich für kleine Nettigkeiten zu bedanken. Während Geld abgelehnt wird (oder als Gegenleistung für eine als Selbstverständlichkeit angebotene Hilfe zu überdosiert ist), sind Zigaretten doch meist ein willkommenes Zeichen des Danks.

Von **Kutaisi** fährst du weiter auf der großen, recht gut ausgebauten Straße **nach Osten**, die dich direkt nach **Tiflis (Tbilissi)**, **die Hauptstadt Georgiens**, bringt. Die Altstadt mit ihren engen, gewundenen Kopfsteinpflaster-Straßen soll zum Weltkulturerbe der UNESCO erklärt werden und begeistert mit ihrer speziellen Architektur, den Holzhäusern, den Moscheen und Kirchen.

» Übernachtungs-Tipp

In Georgien gibt es quasi keine offiziellen Campingplätze, und ich würde nicht unbedingt empfehlen, in den Großstädten oder in völlig abgelegenen Gegenden frei zu stehen. Du solltest dich also darauf gefasst machen, immer mal wieder auf eine Herberge auszuweichen, vor der dein Wohnmobil sicher parken kann. Es ist überall unkompliziert möglich, sich in Privathäusern oder kleinen Pensionen einen guten Übernachtungsplatz zu organisieren, in größeren Städten gibt es natürlich auch Hotels: Du findest viele Schilder (auch verständliche!), und wenn du auf der Straße jemanden ansprichst bzw. mit Händen und Füßen deinen Wunsch formulierst, wird dir in den meisten Fällen spontan und herzlich geholfen.

Georgien / Tiflis

» Übernachtungs-Tipp

www.nesthosteltbilisi.com
www.whynothostels.com
Geöffnet: ganzjährig

Natürlich kannst du dich in Tiflis auch an eines der vielen großen Hotels wenden, um eine gute Nacht zu verbringen – aber wenn du auf der Suche nach einem **Ersatz für das Flair von Campingplätzen** bist und trotzdem innerhalb der Stadt nicht im Auto schlafen möchtest, dann sei dir ein **Hostel** empfohlen. Üblicherweise bieten diese Häuser vor allem (jungen) Backpackern in Schlafsälen Übernachtungsplätze, aber im **»Nest Boutique Hostel«** und im **»Why Not? Hostel«** gibt es – neben dem freundlichen Anschluss in großen Gemeinschaftsräumen und den immer spannenden Begegnungen mit offenen, reiselustigen Menschen aus aller Welt – auch Rückzugsmöglichkeiten in Doppelzimmern.

» Abstecher-Tipp

Wenn du nach der Stadt jetzt Lust auf eine Wanderung in einem grandiosen Gebirge hast, dann solltest du dich unbedingt **von Tiflis aus nach Norden in den Kazbegi-Nationalpark** begeben.

Das kleine Örtchen **Stepanzminda** erreichst du über die etwas abenteuerliche **»Georgische Heerstraße«** durch spektakuläre Landschaft in drei bis vier Stunden.

Ab Stepanzminda führt **über das Dorf Gergeti** eine etwa zweistündige Wanderung durch den Wald und das traumhaft grüne Tal hinauf zur **Gergetier-Dreifaltigkeitskirche (»Zminda Sameba«)**.

In Stepanzminda selbst gibt es viele Hotels und Pensionen, so dass du dort gemütlich über Nacht bleiben kannst.

Nach deinem Besuch in Tiflis orientierst du dich die Hauptstraße entlang Richtung Osten, um in die Region Kachetien über Sagaredscho und Sighnaghi weiter zum Lagodechi-Nationalpark zu fahren - ein touristisch gut ausgebauter Parkbetrieb im Großen Kaukasus des Dreiländerecks Georgien, Russland, Aserbaidschan. Er wurde in die UNESCO-Liste der Naturdenkmäler aufgenommen und ist eines der wasserreichsten Gebiete Georgiens, durchzogen von unendlich vielen Quellen und Wasserfällen. Um dir den Park in aller Ruhe ansehen zu können, solltest du über die Parkverwaltung in Lagodechi eine geführte mehrtägige Tour mit Pferden buchen und dort dann entweder zelten (wird gestellt), in einer Pension im Park oder in der Wetterstation Lagodechi auf 2000 Meter Höhe übernachten.

Nach diesem ausgiebigen Naturerlebnis fährst du über Qwareli nach Telawi. Die Region Kachetien liegt an den Südhängen des Großen Kaukasus und zeichnet sich als sehr fruchtbare Gegend vor allem durch Weinbau aus. **Diese Ecke Georgiens ist der touristisch erschlossenste Teil des Landes, so dass du hier viele gute Gasthäuser, Hotels und Herbergen findest**, in denen du den zum Teil hervorragenden Wein auch ausführlich verkosten kannst (und dich danach zur Ruhe legst - bedenke die 0,0-Promille-Grenze in Georgien!). Und Telawi ist grundsätzlich eine sehr nette, touristische Stadt, in der du schön bummeln und den Tag verbringen kannst.

Jetzt kann ich dir empfehlen, zur Rückfahrt nach Tiflis von Telawi den Bogen zu schließen und die kleine Straße über den Gombori-Pass zu nehmen, die auch eine der schönsten Straßen Georgiens genannt wird - allerdings brauchst du für diese etwa 60 Kilometer auf der sehr holprigen, oft schlechten Straße wirklich (!) viele Stunden. Starte diesen Weg also nur ganz entspannt und früh am Tag - oder überleg dir lieber, doch auf dieselbe Strecke zurückzufahren, die du gekommen bist, denn sie ist gut ausgebaut und leicht zu fahren. Wählst du aber den Gombori-Pass, wird er dich mit sensationeller Einsamkeit und spektakulärer Weit- und Aussicht extrem belohnen.

Georgien / Telawi

უდაბნო
UDABNO

» Abstecher-Tipp

www.oasisclubudabno.com
Geöffnet: ganzjährig

Hier musst du hin! Allerdings nur, wenn du gute Nerven und ein **wirklich offroadtaugliches Fahrzeug** hast, das dich über die staubige Schotterpiste trägt. **Udabno** ist ein 300-Seelen-Dorf mitten im Niemandsland, kurz vor dem berühmten **David-Gareja-Kloster**, das die einzigen Besucher in diese abgelegene Gegend lockt. Die Hauptattraktion ist aber das **kleine Restaurant mit angeschlossenem Hotel** (20 Betten), der **»Oasis Club«**: ein wirkliches Highlight! Es wird von polnischen Lebenskünstlern betrieben und mischt inzwischen die kulturelle Szene der Gegend mit diversen Events, einer kleinen Bühne und einem Open-Air-Kino auf.
Du findest die Strecke dorthin durch die tolle, grenzenlose Steppenlandschaft ganz leicht, wenn du dich – von der sehr netten **Stadt Sagaredscho** kommend – auf der **winzigen Straße direkt Richtung Süden** hälst.

Hast du dich **aus Kachetien zurück nach Tiflis** gearbeitet, geht es nun wieder **Richtung Westen**, um so langsam, aber sicher die **Fähre zurück nach Varna/Bulgarien** anzusteuern, die dich wieder ein Stück weit in Heimatnähe bringen wird. Da diese Fähre nur einmal pro Woche in **Batumi** ablegt, musst du dich rechtzeitig im Vorhinein um deine Passage kümmern, aber die Fährgesellschaft **Ukrferry** (www.ukrferry.com/eng/schedules/varna-batumi) beantwortet in der Regel deine Anfragen per Mail.

Natürlich bekommst du für die 60-stündige Überfahrt eine Kabine, möglicherweise kannst du aber mit der Schiffsbesatzung aushandeln, dass du lieber in deinem eigenen Mobil wohnen möchtest.

Bis du aber in Batumi ankommst, hast du noch etwas Zeit, um dir den **Süden Georgiens** anzusehen und auch hier viele Entdeckungen zu machen. Hangle dich von Tiflis aus Richtung Südwesten. Du fährst über die kleinen Städtchen **Kojori und Manglisi** über fast menschenleere Hochplateaus **der Region Samzche-Dschawachetien** (in der übrigens mehrheitlich Armenier wohnen), passierst den großen **Paravani-See** und gelangst in die nächstgrößere Stadt **Achalkalaki**.

» Abstecher-Tipp

Öffnungszeiten:
Di.–So. 10.00–17.00 Uhr
Mo. geschlossen

Ab Achalkalaki geht es etwa 20 Kilomter die Hauptstraße entlang, dann biegst du **in Khertvisi nach links/Süden** ab, um nach etwa 25 Kilometern die in eine rund 500 Meter aufragende Felswand des Berges Eruscheti geschlagene, unglaubliche **Höhlenstadt Wardsia** zu besichtigen. Sie ist heute teilweise ein Museum, wird aber auch wieder als Mönchskloster genutzt und gilt als eine der Hauptsehenswürdigkeiten Georgiens. Wandle durch Tunnel, über Treppen, Terrassen und Galerien in die miteinander verbundenen Wohnungen und staune über diese städtebauliche Meisterleistung.

Georgien / Höhlenstadt Wardsia

Folgst du weiter der Hauptstraße, wirst du auf die **Hauptstadt der Region, Achalziche**, stoßen und dich dann weiter durch das wunderschöne **Flusstal des Adschariszqali** westwärts arbeiten, bis du über die **Kleinstadt Khulo** immer weiter in die Nähe des Meeres gelangst. Bleib einfach am Fluss, dann stößt du auf **Batumi**, das du ja schon von der Durchfahrt kennst. Wenn du noch genügend Zeit hast, bevor du auf die Fähre musst, kannst du es dir ja noch mal auf dem **Kaprovani Beach Camp** (beschrieben auf Seite 209) gut gehen lassen.

Dank deiner Nachfrage bei der Fährgesellschaft weißt du die genaue Abfahrtszeit und hast auch genaue Anweisungen, wann du in Batumi am Fähranleger sein solltest, um ganz entspannt deine Rückreise nach Bulgarien anzutreten. Für die Fährgesellschaft Ukrferry ist es nicht oberste Priorität, Touristen möglichst angenehm über das Wasser zu bringen, sondern möglichst effizient Waren zu transportieren. Aus diesem Grund gibt es große Unregelmäßigkeiten bei der Abfahrt, ich habe auch schon von spontanen Routenänderungen gehört. Nimm dir Zeit, bleib gelassen, sieh es als einen weiteren spannenden Teil deiner Reise: Die Alternative, die Strecke zurückzufahren, kostet dich mehr Zeit als jede Verzögerung am Hafen.

Die 60 Stunden auf der Fähre kannst du dir sicher recht angenehm (wenn auch nicht besonders spannend oder komfortabel) gestalten, wenn du vorher daran gedacht hast, deine kulinarische Versorgung sicherzustellen. Die Verpflegung an Bord dieser Fähren ist meist nicht mehr als »basic«, und für zweieinhalb Tage darfst du dir schon einige regionale Leckerbissen zum Verwöhnen mitbringen.

Denk außerdem an genügend analogen Lesestoff (es gibt keine Internetverbindung an Bord!) und sonstigen Zeitvertreib. (Und eine Flasche Schnaps o. Ä. wird dich mit deinen Mitreisenden sicher gut ins Gespräch kommen lassen.)

Irgendwann wirst du dann doch in **Varna / Bulgarien** ankommen. Und von hier aus entlasse ich dich zurück nach Hause. Du bist nun zum Reisemobil-Spezialisten geworden, der sich sicherlich von niemanden mehr Tipps geben lassen will …

Gute Fahrt auf allen deinen Routen in alle Himmelsrichtungen!

Bulgarien / Hafen von Varna

AA 478LU

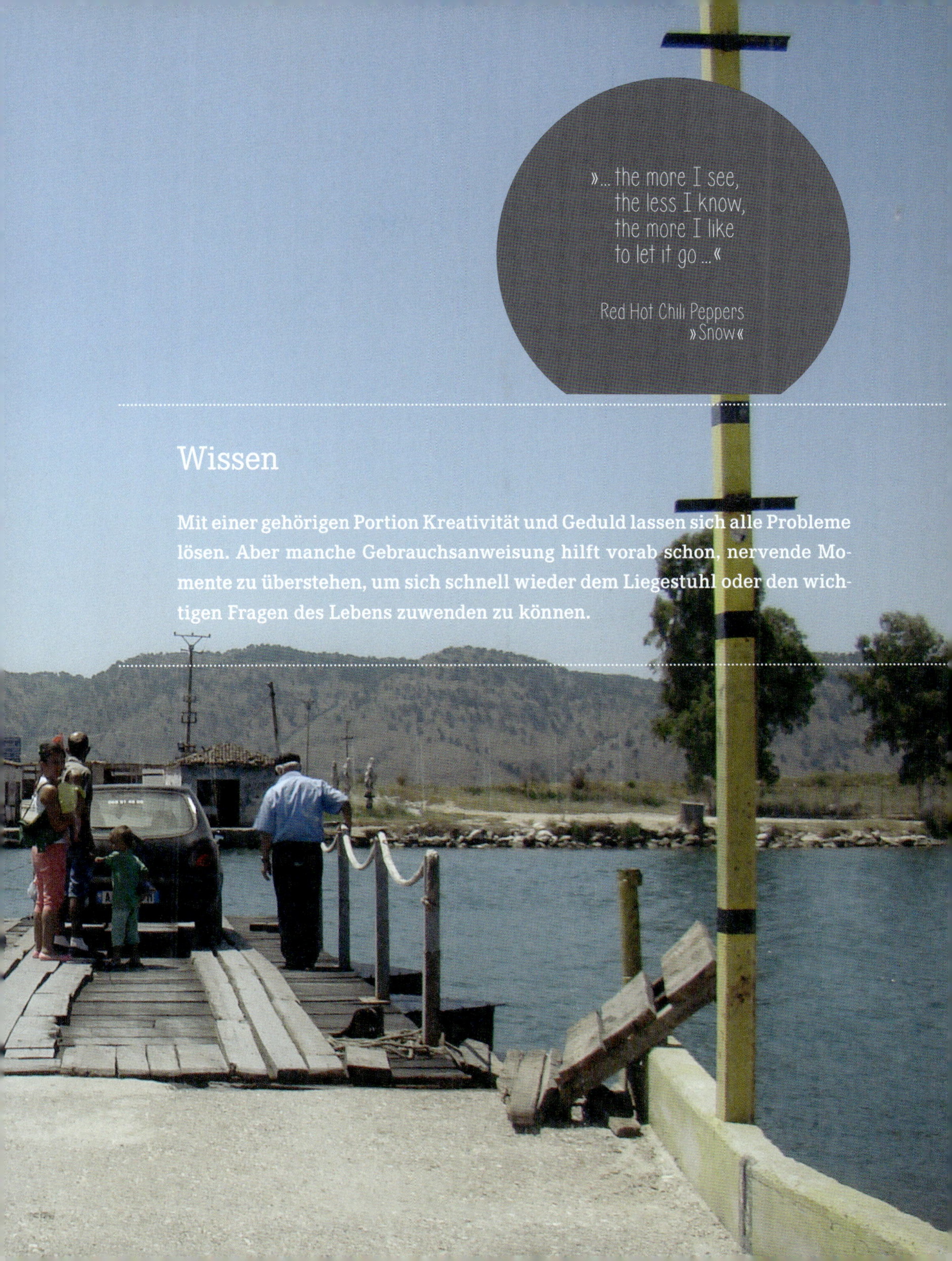

»… the more I see,
the less I know,
the more I like
to let it go …«

Red Hot Chili Peppers
»Snow«

Wissen

Mit einer gehörigen Portion Kreativität und Geduld lassen sich alle Probleme lösen. Aber manche Gebrauchsanweisung hilft vorab schon, nervende Momente zu überstehen, um sich schnell wieder dem Liegestuhl oder den wichtigen Fragen des Lebens zuwenden zu können.

Griechenland / Pindos Nationalpark

Bedienungsanleitungen

Toilette

In den größeren Womos sind in den Badkabinen »Kassetten-WCs« fest eingebaut, wenige haben sogar fest installierte »Schwarzwasser«-Tanks für die Fäkalien und einen Frischwasserzulauf für die Spülung.
Kleine Camper haben die Möglichkeit, sich mit mobilen Kassetten-WCs, sogenannten »Porta Pottis« zu behelfen: relativ kleine Kisten, die auf den Boden des Innenraums gestellt werden.
Im Prinzip funktionieren diese Kassetten-WCs alle gleich: Sie bestehen aus zwei voneinander getrennten Modulen: der Spülwassertank mit der Klobrille bildet die obere Einheit, die Fäkalien landen in einer zweiten, geruchsdicht geschlossenen »Kassette«.

In eingebauten WCs kann diese Kassette ganz bequem durch eine Klappe von außen entnommen werden. (Manche Campingspezialisten haben kleine Wägelchen, um die nicht eben leichten Kassetten zum Entleeren zu transportieren.)
Beim »Potti« trennt man den unteren Teil durch einen Schieber vom oberen und trägt die Kassette zur speziell dafür vorgesehenen Entsorgungsstation.

Die WC-Entleerungsstationen findest du auf fast allen Campingplätzen, manchmal auf Autobahnraststätten, und vereinzelt werden sie auch von Gemeinden (z. B. auf deren offiziellen Stellplätzen) angeboten. Sie sehen immer unterschiedlich aus, sind aber meist leicht zu finden: Entweder ist es ein Raum im Sanitärgebäude oder eine kleine Hütte in einer abgelegenen Ecke des Platzes oder einfach oder einfach nur ein Gully oder Abflussbecken. Die Beschilderung lautet im Ausland meist »Chemical WC« oder ähnlich.

Das Entsorgen ist nicht so schlimm, wie man es sich vorstellt, denn die meisten Chemie-WC-Räume sind gut gepflegt und damit relativ geruchsneutral oder sowieso an der frischen Luft.

An der Kassette gibt es einen Ablass-Stutzen zum Ausklappen. Mit dessen Hilfe kann man den Inhalt in den großen Ausguss kippen. Das ist schnell erledigt, dann noch rasch am Wasserhahn ausspülen, einen großen Schluck Wasser für die Chemie oder zum Verdünnen einfüllen, Stutzen zu, mit Toilettenpapier abtrocknen, fertig.

Alternativ und nur wenn sich partout keine Entsorgungsstation finden lässt, kannst du die Kassette auch in eine normale Toilette kippen.

Die Hersteller dieser Toiletten empfehlen, zwei Chemikalien zu verwenden: Für das Spülwasser eine Art Deo (natürlich nur, wenn es getrennt vom Frischwassertank des Womos ist) und für den Fäkalientank eine Sanitärflüssigkeit, die den Geruch bindet und den Inhalt (samt Toilettenpapier) zersetzt.
Allerdings wird der Einsatz sehr kritisch gesehen, da diese chemischen Flüssigkeiten (vor allem die ohne »Blauer Engel«-Zertifizierung) eine unnötig hohe Umweltbelastung darstellen. Außerdem sind sie absolut vermeidbar, wenn du deine Toilette etwa alle drei Tage entleerst und gut mit Wasser spülst. Als gute Alternative zur puren Chemie gibt es auch biologisch abbaubare Flüssigkeiten.

Am leichtesten machst du dir die Entsorgung, wenn du möglichst oft öffentliche Toiletten besuchst, dein »großes Geschäft« ebendort erledigst und das Toilettenpapier nicht in der Kassette entsorgst.

Gas

Auf Reisen brauchst du Gas, um zu kochen, möglicherweise brauchst du auch Gas, um zu heizen, und dein Kühlschrank kann (neben Strom und Batterie) mit Gas betrieben werden. In allen Womos befinden sich (zweijährlich) geprüfte Gasanlagen, die in der Regel reibungslos funktionieren.

Manche neuen großen Mobile haben Gastanks, aber üblicherweise kommt das Gas aus Flaschen, wovon es drei verschiedene genormte Typen gibt: rote Mietflaschen, graue Eigentumsflaschen und Alu-Flaschen in Größen von jeweils 5 Kilogramm, 11 Kilogramm und 33 Kilogramm, befüllt mit Butan und/oder Propan. Am idealsten, weil am weitesten verbreitet, ist die graue Flasche: Du kaufst sie einmalig und kannst sie in vielen Baumärkten, auf manchen Campingplätzen und Tankstellen leer gegen voll tauschen. Wichtig: Beim Tausch muss der rote Schutzdeckel auf der Flasche sitzen!

Manche Campingplätze (oder Gashändler vor Ort) bieten dir auch die Wiederbefüllung an, wobei es meist am passenden Adapter scheitert. Wenn du dich also länger in einem Land aufhalten willst und dabei viel Gas verbrauchst (weil es z. B. sehr kalt ist), solltest du dir die landestypische Gasflasche leihen und am Ende des Urlaubs wieder zurückgeben.

Die Haltbarkeit der Flasche hängt natürlich vom Einsatz ab: Im Sommer (also normal oft kochen, Kühlschrank läuft, Heizung ist aus) reicht die Elf-Kilo-Flasche entspannt für drei bis vier Wochen. Im Winter dagegen (Heizung läuft, dazu kommt häufigeres (Tee-)Kochen, und der Kühlschrank ist auch in Betrieb) reicht die Elf-Kilo-Flasche etwa eine Woche.

Anhaltspunkte zum Verbrauch: Kühlschrank: ca. 20 g Gas/Stunde
Standheizung: ca. 200 g Gas/Stunde
Herd: ca. 100 g Gas/Stunde

Die Flaschen müssen in ihrem Schrank fest verzurrt sein, und **du solltest niemals mit aufgedrehter Gasflasche fahren**! Bei einem Unfall kann das Gewinde abreißen, oder die Leitungen können brechen. Dies sollte man auch beachten, wenn, wie bei neueren Campern üblich, Vorsorge (Gasdruckregler mit Crash-Sensor) getroffen wurde.

Übrigens: Gasanlagen haben immer Linksgewinde!

Frischwasser

Gutes Wasser zu finden ist außerhalb von Campingplätzen schwieriger, als du glaubst. Wenn kein (hygienisch aussehender) Schlauch vorhanden ist, kannst du dir mit deinem mitgenommenen (Falt-)Kanister gut behelfen.

Um deinen Tank oder deine Trinkwasserflaschen zu füllen oder eine Notreserve bis zum nächsten Campingplatz zu bunkern, kannst du am besten an diesen Stellen Frischwasser auftanken:

- An **vielen Tankstellen, Geschäften oder Gaststätten** sind Frischwasserschläuche vorhanden, mit denen du auf Nachfrage (evtl. gegen kleines Geld) die Wasserleitung anzapfen darfst.
- **Friedhöfe** sind immer mit Wasserhahn ausgestattet (meist am Eingang).
- **Gefasste Trinkwasserquellen** sind auch auf (Wander-)Karten eingezeichnet.
- **Brunnen mit Trinkwasser** sind gerade in südlichen Ländern erstaunlich oft vorhanden: z. B. am Straßenrand, in der Dorfmitte.
- Und an den **offiziellen Stellplätzen** innerhalb von Gemeinden kannst du gegen Gebühr an der Servicesäule Frischwasser holen.

Eigentlich ist das Wasser, das du an diesen Stellen zapfst, sicher und gut trinkbar – holen es sich doch auch die Einheimischen dort. Manchmal beschleicht dich aber vielleicht ein ungutes Gefühl, dann lass es lieber bleiben, oder **behandle das Wasser chemisch**. Lieber einmal zu oft den Zusatz beimischen, als tagelang mit Beschwerden zu kämpfen.

Um **das Wasser zu sicherem Trinkwasser zu machen**, mischst du vor der Wasserbefüllung die auf der Verpackung angegebene Menge eines Wasserentkeimungsmittels (aus dem Campingfachhandel) in deinen Tank. Damit desinfizierst du (vor allem in warmen Gefilden und bei längerer Lagerung des Wasservorrates) klares Frischwasser mit Chlor und schützt mit Silberionen das Wasser vor (Wieder-)Verkeimung.

Abwasserentsorgung

Gebrauchtes Wasser, sogenanntes »Grauwasser«, ist nur an dafür vorgesehenen Stellen mit Kanalisationsanschluss zu entsorgen. Du findest diese an **jedem Campingplatz, an vielen Autobahnraststätten, an offiziellen Stellplätzen und in einigen Gemeinden**.

Das »Tröpfeln«, das manche Camperkollegen auf Landstraßen oder Autobahnen praktizieren, indem sie bewusst den Ablass ein wenig offen lassen, kann nicht im Sinne der Umwelt bzw. der Nächstenliebe sein, da schmieriges Spülwasser oder Lebensmittelreste auch Gefahren (z. B. für Motorradfahrer) darstellen.

Es gibt zwei Ablassmöglichkeiten (erkennbar am üblichen Schild):

* **Am Boden eingelassene Gullydeckel**, über die du treffgenau deine Ablassschraube positionieren musst. Erst den Tankverschluss öffnen und dann die Schraube aufdrehen. Vorsicht, Spritzgefahr!
* **An Entsorgungssäulen** brauchst du einen Abwasserschlauch, den du von deinem Camper zur entsprechenden Öffnung an der Säule führst. Meist ist dieser Schlauch fest an der Säule angebracht, so dass du keinen eigenen benötigst.

Hilfe bei stinkendem Abwassertank

Schon nach wenigen Tagen kann das Abwasser zu stinken beginnen, vor allem, wenn bei sommerlichen Temperaturen zu viele organische Anteile (Lebensmittelreste, Fette) gelagert werden oder sich abgesetzt haben.
Das Problem kannst du beseitigen, indem du durch die Abflussöffnungen etwa eine Tasse Chlorbleiche (z. B. »DanKlorix« aus dem Supermarkt) in den vorher entleerten Tank schüttest und dann mit etwa zwei bis vier Liter Frischwasser löst. Lass diese Laugenessenz gut einwirken (sehr gut hilft hier eine rumpelnde Fahrt), bevor du sie ablässt und den Tank wieder benutzt.

Reinigung der Wasseranlage

Jede Wasseranlage muss – vor allem, wenn sie nicht durchgehend benutzt wird – **ein- bis zweimal im Jahr gereinigt werden.** Es gibt verschiedene Mittel über den Campingbedarf, aber nach Meinung vieler »Wohnmobilisten« genügt gewöhnliche Bleichlauge (z. B. das blaue »DanKlorix« aus dem Supermarkt) zur Reinigung: Ein Liter Bleichlauge reicht für 100 Liter Wasser.
Die Reinigung (mit Einwirkzeit und Spülen) benötigt einige Stunden, und weil Chlorgeruch hartnäckig im Raum steht, solltest du besser nicht auf oder unmittelbar vor der Reise damit hantieren.

* Fülle den gesamten Tank randvoll mit der im Wasser vermengten Lauge.
* Eine gute Stunde einwirken lassen und nun über die Wasserhähne (evtl. auch Toilettenspülung) einige Liter ablaufen lassen, damit in allen Leitungen Bleichlauge wirken kann.
* Etwa fünf Mal wiederholen und schließlich das gesamte Wasser durch alle Wasserhähne in den Abwassertank ablaufen lassen.
* Auch der Abwassertank wird jetzt mit dieser Brühe eine gute Stunde oder länger eingeweicht.
* Danach leerst du das Abwasser und spülst alle Leitungen kräftig mit frischem Wasser durch.

Falls eine geringe Mengen Lauge im Tank bleibt, zersetzt sie sich mit der Zeit und ist gänzlich ungefährlich.

Waagerechtes Ausrichten durch Auffahrrampen

Oft ist der Untergrund deines Stellplatzes nicht wirklich waagerecht. Das ist für eine Nacht etwas lästig und für mehrere Tage erstaunlich nervig, aber es kostet nicht viel Mühe, dies zu ändern, denn du kannst dein Auto entweder in der Längs- oder in der Querachse ausrichten, indem du die beiden Auffahrkeile benutzt, die du dabeihast:

* Suche zum Parken erst das Areal, an dem es **die kleinste Neigung/ die niedrigsten Bodenwellen** gibt, denn die Keile haben eine begrenzte Höhe (etwa 15 cm), die sie ausgleichen können.
* Stelle deinen Wagen **nicht zu nah an das Ende deines Stellplatzes**, sonst fehlt dir der Platz, um zu manövrieren.
* Überlege, welche Ecken des Womos angehoben werden müssen, und lege dann die Keile so vor die Reifen, dass sie dir als Rampe dienen. Du kannst sie vor- und rückwärts benutzen, je nachdem, wie viel Platz du hast.
* An der Ecke, die stärker angehoben werden soll, legst du den Keil direkt an den Reifen, an einer anderen Ecke ein Stückchen weiter in Fahrtrichtung weg. Der

Sinn ist, dass du mit dem einen Reifen bis zur maximalen Höhe fahren kannst und der andere Reifen entsprechend weniger hochfährt.

* **Vergiss nicht, an der Parkposition die Handbremse zu ziehen**, sonst ruckelst du dich langsam (oder plötzlich) wieder runter.

Um dich (gerade bei den ersten Malen) zu versichern, ob du gerade stehst, hilft dir eine **zweiachsige »Kreuzwasserwaage«**, die du am Boden neben dem Fahrersitz oder an einer anderen waagerechten Stelle befestigst. Nach etwas Übung kannst du deine Horizontale selbst einschätzen, oder ein Einweiser von draußen hilft dir. Keine Sorge, es klingt mal wieder komplizierter, als es ist: Es ist reine Übungssache! Die Hilfe vom Beifahrer (oder Platznachbarn) ist natürlich am effektivsten, allein geht es aber auch: Es kann nichts weiter passieren, als dass du über die Kante drüberrollst, wenn du nicht rechtzeitig stoppst. Wenn das geschehen ist (und es passiert den Besten unter uns!), legst du die Keile einfach wieder in die andere Richtung an die Reifen und versuchst es von Neuem.

Strom

Um deine elektrischen Geräte, den Kühlschrank und die Innenbeleuchtung deines Autos am Campingplatz permanent mit Strom zu versorgen, kannst du dich an den Stromkästen in der Nähe deines Stellplatzes ankabeln. Dafür benötigst du **eine Kabeltrommel mit mindestens 25 Meter, besser aber 50 Meter Kabel**. Empfehlenswert ist die beste, sehr stabile Kabelqualität, denn es fahren ständig andere Wohnmobile drüber, das Kabel liegt oft auf sehr grobem Untergrund und ist dem Wetter ausgesetzt. **Wähle möglichst eine Trommel mit integrierter, wettergeschützter Mehrfachsteckdose**: Darüber freuen sich andere Camper bei besetzten Stromsäulen und du selbst, wenn du außerhalb deines Fahrzeugs eine Steckdose z. B. für den Laptop brauchst.

Es gibt zwei Arten von Steckdosen unterwegs, für die du die passenden Stecker benötigst: normale (zweipolige) Schuko- und (dreipolige) CEE-Steckdosen. Du brauchst auf jeden Fall beide Anschlussmöglichkeiten, d. h.:

* eine Trommel mit einer Sorte Stecker und dazu einen Steckeradapter mit der anderen Anschlussmöglichkeit,
* plus ein Stromkabel von der Auto-Außensteckdose zur Kabeltrommel (außer dies ist schon an der Trommel fest angebracht).

OLYMPIA

»... Wind in my hair
I feel part of everywhere ...«

Eddi Vedder
»Guaranteed«

Informieren

Manchmal soll es trotz eines gemütlichen Reisetempos doch etwas rascher gehen ... Mit den folgenden Adressen kannst du ganz gezielt zu den schönsten Plätzen meiner vorgeschlagenen Reisen gelangen und dir vielleicht noch mehr Zeit zum Ausruhen oder für Unternehmungen gönnen.

Adressen

Pausen-Tipps

Kaffeerösterei Dinzler **121**
www.dinzler.de/de/gastronomie/irschenberg
Wendling 15, 83737 Irschenberg
Deutschland
Tel.: 08025 992250

Kursas Putni Kafejnika **180**
www.draugiem.lv/kursasputni
Fr. Brīvzemnieka iela 28, Liepāja
Lettland
Tel.: +371 26681596

Beach Bar Vista Mare **200**
www.beach.vistamare.bg
8000 Burgas
Bulgarien

Fährhäfen

Easy-Genuss-Tour

Camping Tserfos **128**
www.tyros-tserfo.gr
Tserfos 22029, Tyros
Griechenland
Tel.: +30 2757041739
tserfos1@gmail.com

Camping Koroni **134**
www.koronicamping.com
Koroni 24006, Koroni
Griechenland
Tel.: +30 2725022119
info@koronicamping.com

Camping Navarino **135**
www.navarino-beach.gr
Gialova 24001
Griechenland
Tel.: +30 2723022973
info@navarino-beach.gr

Camping Fusina **137**
www.campingfusina.com
Via Moranzani, 93, 30176 Fusina/Venezia
Italien
Tel.: +39 0415470055
info@campingfusina.com

Fahrspaß-Tour

Kajak Kamp Toni **142**
http://ger.kajakkamptoni.com
Vodenca 1, 5230 Bovec
Slowenien
Tel.: +386 41754569
kajakkamptoni@siol.net

Kamp Zlatorog Bohinj **143**
www.camp-bohinj.si
Ukanc 2, 4265 Bohinjsko jezero
Slowenien
Tel.: +386 59923648
info@camp-bohinj.si

Camp Bijar **146**
www.camp-bijar.com
Osor bb, 51542 Osor, Cres
Kroatien
Tel.: +385 51237147
info@camp-bijar.com

Camp Baldarin **146**
www.camp-baldarin.com
Punta Križa bb, 51554 Nerezine, Cres
Kroatien
Tel.: +385 51235680
info@camp-baldarin.com

Marina Zadar **147**
www.marinazadar.com
Ivana Meštrovića 2, 23000 Zadar
Kroatien
Tel.: +385 23204862
marina@tankerkomerc.hr

Camp Marin **148**
www.camp-marina.hr
Skočići 6, 22221 Lozovac
Kroatien
Tel.: +385 22778503
predrag.skocic@gmail.hr

Camping Albania **153**
www.camping-albania.eu
Llagjia Dedaj, 4022 Bushat/Barbullush
Albanien
Tel.: +355 673807207
info@camping-albania.eu

Kamping Pa Emer **154**
www.kampingpaemer.com
Karpen 3, 2501 Kavaje
Albanien
Tel.: +355 664151502
info@kampingpaemer.com

Camping Kranea **157**
www.camping-kranea.com
Livadh Beach, SH8, 9425 Himarë
Albanien
Tel.: +355 673122122
campingkranea@yahoo.com

Camping Nautilus **160**
www.nautiloscamping.gr
46100 Plataria/Igoumenitsa
Griechenland
Tel.: +30 2665071416
info@nautiloscamping.gr

Bergpass-Liebhaber-Tour

Campingplatz Strandbad Pilsensee **164**
www.camping-pilsensee.de
Am Pilsensee 2, 82229 Seefeld
Deutschland
Tel.: 08152 7232
info@camping-pilsensee.de

Park-Camping Lindau am See **166**
www.park-camping.de
Fraunhoferstraße 20, 88131 Lindau/Bodensee
Deutschland
Tel.: 08382 72236
info@park-camping.de

Campingplatz Saint-Disdille **167**
www.disdille.com
117, Avenue de Saint-Disdille
74200 Thonon-les-Bains
Frankreich
Tel.: +33 450711411
camping@disdille.com

Natur-pur-Tour

Nidos Kempingas **177**
www.kempingas.lt
Taikos g. 45A, 93121 Neringa / Nida
Litauen
Tel.: +370 46952045
info@kempingas.lt

Campingplatz Vinrozes **181**
www.vinrozes.lv
Direkt am Durbes-See
Lettland
Tel.: +371 29255854
kempings@vinrozes.lv

Riga City Camping **182**
www.rigacamping.lv
Rietumu Street 2, 1048 Riga
Lettland
Tel.: +371 67065000
camping@bt1.lv

Tallinn City Camping **184**
www.tallinn-city-camping.ee
28 Pirita Road, 10187 Tallinn
Estland
Tel.: +372 6137322
info@tallinn-city-camping.ee

Pirita Harbour Caravan Camping **184**
www.piritatop.ee
AS Tallinna Olümpiapurjespordikeskus
Regati pst 1, 11911 Tallinn
Estland
Tel.: +372 6398800 top@piritatop.ee

Kauksi Telkimisala **187**
www.loodusegakoos.ee
Kauksi Nature Centre
Estland
Tel.: +372 3393833
kauksi.looduskeskus@rmk.ee

Siguldas pludmale **188**
www.makars.lv
Peldustraße 2, Sigulda
Lettland
Tel.: +371 29244948
karina@makars.lv

Kanoe kempings **188**
www.makars.lv
Gaujasstraße 36, Līgatne
Lettland
Tel.: +371 29244948
karina@makars.lv

Piejūras kempingu **191**
www.camping.ventspils.lv
56, Vasarnīcu ielā, 3601 Ventspils
Lettland
Tel.: +371 63627925
camping@ventspils.lv

KO
-POLEN-POLIJA-POLLANDO
TODAY's OF
Green salad with dressing 5
Tomato and cucumber salad 6
with mint 5
Soup
(khachapuri with meat)
pork meat and
Dessert

Abenteurer-Tour

Camp Menina **197**
www.campingmenina.com
Varpolje 105, 3332 Rečica ob Savinji
Slowenien
Tel.: +386 35835027
info@campingmenina.com

Kaprovani Beach Camp **209**
www.blackseacamping.com
Ekvtime Takaishvili Street, Magnetiti
Georgien
Tel.: +995 571300125
BlackSeaCamping@gmail.com

Nest Boutique Hostel **212**
www.nesthosteltbilisi.com
Anton Purtseladze Street 32, Tbilisi
Georgien
Tel.: +995 032931354
nesthosteltbilisi@gmail.com

Why Not? Hostel **212**
www.whynothostels.com
15/4 Tabukashvili Street, Tbilisi
Georgien
Tel.: +995 599007030
whynot.tbilisi@gmail.com

Oasis Club **217**
www.oasisclubudabno.com
Udabno, Sagarejc Region
Georgien
Tel.: +995 574805563
oasisclubudabno@gmail.com

Mein Herzensdank an:

Luis, Charlotte, Max, die mich fahren lassen, weil sie mit mir vor vielen Jahren dem Wohnmobil-Glück erlegen sind und mich einfach verstehen.
Mami, Papi, die mir vertrauen, dass ich immer besser zurückkomme.
Annette, Katrin, Niki, Nadia, Simon, Felix, Ati, Moni, Eva und meine Blog-Leser/-innen, die mich immer wieder zum Abenteuer ermutigen, auf jedem Kilometer gedanklich begleiten und so beschützen.

Till, der vom ersten Augenblick begeistert mit diesem Buch auf Reisen gehen wollte, und Katharina, die das Buch auf dessen Reise so herzlich begleitet hat.

Alle Mechaniker, Werkstätten, ADAC-Mitarbeiter und Mitdenker, die mich bei Franz' vielfältigen Technikproblemen geduldig beraten, ihn immer wieder flottbekommen und mich damit glücklich machen.

Und vor allem danke ich allen wunderbaren Menschen, denen ich auf Reisen begegne und die mich mit tollen Gesprächen, herzlicher Gastfreundschaft und spannenden Geschichten beglücken und zum Nachdenken und/oder Lachen bringen!

Die Autorin, die Lektorin und der Herausgeber haben sich bemüht, die Richtigkeit der Informationen in Cool Camping Wohnmobil in allen Fällen sicherzustellen. Sie übernehmen jedoch keine Verantwortung für erlittene Verletzungen, Verluste oder Unannehmlichkeiten.

In der gleichen Reihe sind erschienen:

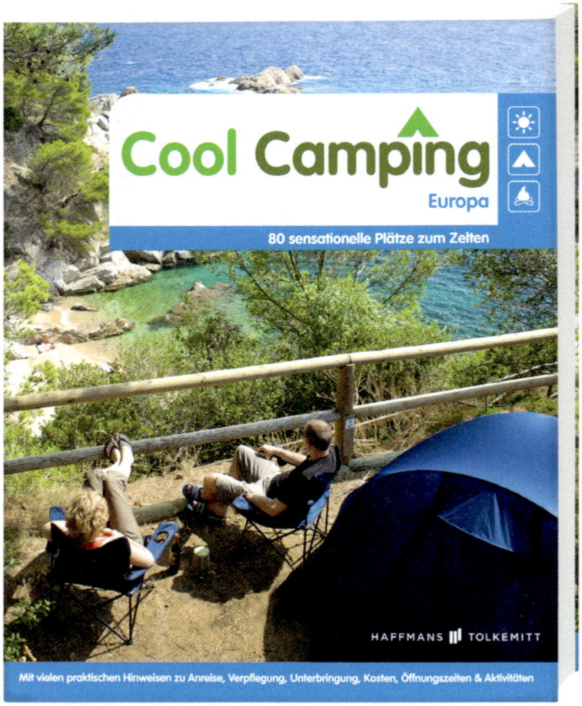

COOL CAMPING EUROPA

ISBN 978-3-942989-39-8
Nur € 19,90

»Dieses Camping-Brevier hat mit dem schnöden ADAC-Zeltplatz-Führer so viel gemein wie ein Hannoveraner Reihenmittelhaus mit dem Bungalow in den Dünen von Arcachon. ›Cool Camping Europa‹ stellt 80 Zeltplätze in Millionen-Dollar-Kulisse vor.« **STERN**

DEUTSCHLANDSAFARI

ISBN 978-3-942989-75-6
Nur € 22,95

»So wild ist Deutschland!« **DRadio Wissen**

»Ein individueller, rundum sympathisch-guter Reiseführer.« **ÖKO-TEST Magazin**